中国职业本科教育发展报告

（2025）

Report on the Development of
Vocational Undergraduate Education in China

（2025）

刘少雪　余天佐　等　编著

上海交通大学出版社
SHANGHAI JIAO TONG UNIVERSITY PRESS

内容提要

在我国庞大而成熟的教育体系中,职业教育和本科教育都有长久的发展历史,但将职业教育类型和本科教育层次融为一体,则是 2019 年才开始试点的新事物。在高等教育普及化和产业转型的背景下,本科层次职业大学如何发展,是一个深受关注的新命题。首次发布的《中国职业本科教育发展报告(2025)》,通过对当前本科层次职业大学综合情况的考察、校企合作典型案例分析和深度专题研究,表达了我们对当前我国本科层次职业大学的办学定位、人才培养及办学条件等的关注,以之作为社会各界了解和支持本科层次职业大学发展和信息交流的平台。

图书在版编目(CIP)数据

中国职业本科教育发展报告. 2025 / 刘少雪等编著.
上海 : 上海交通大学出版社,2025. 6. ‒‒ ISBN 978-7
-313-32832-8

Ⅰ. G718. 5

中国国家版本馆 CIP 数据核字第 20259H9C15 号

中国职业本科教育发展报告(2025)
ZHONGGUO ZHIYE BENKE JIAOYU FAZHAN BAOGAO (2025)

编　著:刘少雪　余天佐　等
出版发行:上海交通大学出版社　　　　　　　　　　　地　　址:上海市番禺路 951 号
邮政编码:200030　　　　　　　　　　　　　　　　　电　　话:021‒64071208
印　制:上海万卷印刷股份有限公司　　　　　　　　　经　　销:全国新华书店
开　本:710 mm×1000 mm　1/16　　　　　　　　　　印　　张:10
字　数:159 千字
版　次:2025 年 6 月第 1 版　　　　　　　　　　　　　印　　次:2025 年 6 月第 1 次印刷
书　号:ISBN 978‒7‒313‒32832‒8
定　价:78.00 元

前　言

　　职业教育作为一种教育类型,在我国有着悠久的发展历史,甚至有学者将其追寻到氏族社会时期①。与现代本科教育逾百年的发展历程相比,职业本科教育尚属新兴领域——自 2019 年开始正式试点,时至今日,在全国也仅有 87 所本科层次职业大学,且并没有覆盖到所有的省(自治区、直辖市)。值得注意的是,在普通本科院校规模趋稳的背景下,职业本科院校呈现爆发式增长:2020—2021年增长率均超 45%,2024 年同比增幅达 55%。2023 年数据显示,高等职业教育招生规模(564 万)已显著超越普通高等教育(478 万),二者比例达 1∶1.2②。在此背景下,2021 年中共中央、国务院提出到 2025 年"职业本科教育招生规模不低于高等职业教育招生规模的 10%"的结构性发展目标③,以培养"更多高素质技术技能人才、能工巧匠、大国工匠,为全面建设社会主义现代化国家提供有力人才和技能支撑",充分显示了国家对职业本科教育的期待。职业本科教育在政策层面进入发展快车道。

　　除了政府层面的政策保障,我国职业教育的长期积累以及普通本科教育的实践经验,为本科层次职业教育发展提供了坚实基础。但这并不意味着职业本科教育可以便捷地将来自职业教育和普通本科教育的经验进行简单相加,也不意味着在不改变职业教育特色的前提下,只将高等职业专科教育进行学制拉长就能实现职业本科教育发展目标。在我国高等教育从规模扩张转向高质量发展

---

① 米靖. 中国职业教育史研究[M].上海:上海教育出版社,2009:4-5.
② 教育部. 2023 年全国教育事业发展统计公报[R/OL].(2024-10-24)[2025-04-26]. http://www.moe.gov.cn/jyb_sjzl/sjzl_fztjgb/202410/t20241024_1159002.html.
③ 中共中央办公厅、国务院办公厅.关于推动现代职业教育高质量发展的意见[R/OL].(2021-10-12)[2025-04-26]. https://www.gov.cn/gongbao/content/2021/content_5647348.htm.

的过程中,本科层次职业教育如何发展,本科层次职业大学将走向何处,是一个亟待破解的时代命题。首次发布的《中国职业本科教育发展报告(2025)》就是基于职业本科教育长远发展目标的角度,率先关注当下各本科层次职业大学的办学定位、人才培养目标、办学条件及运行等重要方面,并通过综合情况考察、典型案例分析和深度专题研究三个板块,向所有关心、关注本科层次职业大学发展的同行、专家、企业及家长学生等,提供一个了解本科层次职业大学当前及未来发展的窗口,推动形成职业本科教育的价值共识与发展合力,为本科层次职业大学获得更多来自各方的物质、精神及道义的帮助,提供信息交流平台。

《中国职业本科发展报告(2025)》的具体内容及结构如下:

第一部分为办学基本情况考察,其下分为四章。

第一章:本科层次职业大学的办学目标定位。本章主要依据截至2024年底所有本科层次职业大学发布的《章程》《高等职业教育质量报告》(含《本科教学质量报告》)等正式报告,[1]对其中所表述的办学目标、学校定位、人才培养目标等进行分析,目的在于了解各本科层次职业大学如何看待自己在我国庞大高等教育体系和职业教育体系中的目标定位。研究发现,"特色鲜明""高水平"是各本科层次职业大学描述学校定位或发展目标的高频词;"以本科教育为主""服务地方经济与区域特色产业发展"以及"培养高层次技术技能人才"等,是各大学明确表达的办学方向。以上体现了各本科层次职业大学从办学目标定位上对国家建设一批"办学特色鲜明的高水平职业本科学校"的响应与落实。通过对上述材料的梳理也发现,虽然这些正式文件通常是大学内外特别是大学之外的人或机构了解大学的重要信息来源,但个别大学或没有及时公开报告,或报告中呈现出来的重要信息不全,或报告中还有明显的表述不足等,这些均会影响外界对本科层次职业大学真实水平的了解。

第二章:学校与专业。本章主要考察了当前我国本科层次职业大学的区域分布和专业设置情况,以了解各职业大学的设置趋势以及各类专业的设置及人才培养现状。数据以各大学官方网站和教育部的相关统计数据[2]为准。研究后发现,本科层次职业大学近年来的增加速度较快,但地域设置差异化特征明显,

---

既与各地已有的普通高等教育资源、职业教育资源不完全一致,也与区域的经济社会发展程度不直接相关,比如在设置本科层次职业大学数量最多(各 4 所)的 8 个省(自治区、直辖市)中,既有普通高等教育资源丰富的广东、山东、浙江等地,也有普通高等教育资源较为薄弱的新疆、甘肃;上述各地区的经济社会发展程度也明显处于不同的区位;而在 7 个尚未设置本科层次职业大学的省(自治区、直辖市)中,既有普通高等教育资源丰富的湖北,也有普通高等教育资源较为薄弱的西藏、宁夏等;甚至部分已有较多本科层次职业大学的区域,还有继续增加设置的趋势,比如新疆在已设置 4 所的基础上,拟再增设 2 所。① 这些表明当前阶段本科层次职业大学的设置,主要与其原有办学基础和办学目标定位相关。另外,从办学主体来看,则有较为明显的"先民后公""公强民弱"特点。

在专业设置方面,由于我国本科层次职业大学基本处于起步发展阶段,多数大学的专业设置数量尚未达到理想目标容量,因此总体上的专业设置数量较少。考察目前已有的专业设置情况,有助于各大学更充分地考虑后续专业的设置方向。根据对 2024 年各本科层次职业大学招生专业的统计,当年全国 51 所本科层次职业大学共在 892 个专业点招生,校均本科专业布点 17.5 个,设置专业数量最大值为 34;各大学设置的专业能够涵盖《职业教育专业目录》(本科,2024)中的 75 个专业类、190 个专业,但尚有 17 个专业类(18%)、108 个专业(36%)未被覆盖②。而从不同专业的布点情况来看,布点数量最多的专业是现代物流管理(24)、机械设计制造及自动化(23)、大数据工程技术(22)、智能制造工程技术(22)、软件工程技术(21)、物联网工程技术(21)、大数据与会计(20)等专业,主要集中在财经商贸类、装备制造类和电子与信息类;在 190 个已布点专业中,有 71 个专业只有一所大学布点,校均 1.4 个。这显示出当前我国本科层次职业大学的专业设置有比较明显的校际差异,这种情况既有利于未来各大学形成各自不同的办学特色,也更有利于服务不同的区域经济社会发展需要,但各大学共设专业数量少,也需独立承担不同特色专业建设发展之路的成本,风险相对较高。从不同专业的在校生规模来看,不同专业之间差别明显,2022 年数据显示,电子信息和财经商贸两大专业类在校生分别达 5.2 万和 4.6 万人,合计占职业本科在校

---

① 澎湃新闻. 公示! 2 所高校,拟升本! [EB/OL].(2024 - 12 - 21)[2025 - 04 - 26]. https://www. thepaper.cn/newsDetail_forward_29694886.
② 注:因部分大学延续了原来的《普通高等学校专业目录》,故而在目前招生的专业总数中出现了 3 个在《职业教育专业目录》中没有的专业。

生总量的 42.5%；装备制造大类、文化艺术大类、土木建筑大类、教育体育大类等四类专业以 40.4% 的占比构成第二梯队，剩余 13 个专业类仅占 17.1%。以农林牧渔类专业为例，其当年招生 365 人、在校生 1 245 人的规模，与第一产业贡献 7.3% 的 GDP、吸纳 24.1% 就业人口的产业地位形成明显落差[①]。这种专业集聚差异源于多重因素：其一，"硬"专业（如电子信息类和装备制造类）因行业热度高、办学投入大，需长期资源积累，容易在办学过程中形成校内不同专业间以及不同大学相同专业间的"马太效应"；其二，部分"软"专业，比如财经商贸、文化艺术和教育体育类专业，虽办学成本较低，但易受就业市场波动冲击，进而导致专业建设的连续性不足；其三，需求—认知错位型专业面临社会认同度不足，其招生规模与产业贡献度呈逆向关联，比如，前文提到的农林牧渔类专业 2022 年的招生人数和在校生规模均与当年第一产业贡献了 7.3% 的国内生产总值、吸纳了 24.1%[②] 的就业劳动力的产业发展情况就不太匹配。此外，办学定位差异和基础条件约束，进一步强化了专业规模分化格局。

第三章：办学条件与过程。本章主要从师资规模、学生来源以及办学资源等，分析当前我国本科层次职业大学的办学条件与过程。分析后发现，在快速增加的本科层次职业大学中，生师比、学历结构、行业导师、双师型教师等师资队伍建设中的关键指标，均达到或超过教育部的相关基本要求。但相比普通高校来说，本科层次职业大学的生师比略高、整体学历层次较低，主要体现在专任教师中拥有博士学位的教师比例偏低。根据《中华人民共和国学位法》对申请博士学位的基本要求，合格的博士学位获得者在职业生涯过程中应该具有自我学习、自我提升的基本能力，能够在产业技术更新换代中持续不断地更新知识、提高能力，以保持良好的职业状态。因此建议本科层次职业大学一方面将新教师招聘的基本学历要求提高至具有博士学位，确保未来本科层次职业院校教师在职业发展过程中具备一定的学术研究能力和自我提高能力[③]；另一方面通过搭建多元化在职深造通道，提升在职教师学历。行业导师和"双师型"教师是体现本科

---

① 国家统计局.中国统计年鉴（2023）[M/OL].北京：中国统计出版社，(2023 - 09 - 01)[2025 - 05 - 13]. https://www.stats.gov.cn/sj/ndsj/2023/indexch.htm.
② 国家统计局.中国统计年鉴（2023）[M/OL].北京：中国统计出版社，(2023 - 09 - 01)[2025 - 05 - 13]. https://www.stats.gov.cn/sj/ndsj/2023/indexch.htm.
③ 曹大辉.职业本科院校教师队伍建设的欧洲经验及启示——以德国、芬兰和瑞士的应用科技大学为例[J].教育与职业，2024，(01)：72 - 77.

层次职业大学与产业贴近的重要基础。根据各大学呈现的数据,不同大学在这两个数据上的差异明显。从行业导师来说,既有配置人数低于100人的大学,也有超过600人的大学,约70%的大学集中在30～300人区间,半数左右大学的行业导师少于200人;"双师型"教师的分布情况与此类似,既有配置超过1 500人的大学,也有少于500人的大学。鉴于行业导师和"双师型"教师对保障本科层次职业大学教育教学质量的重要性,建议各大学通过与部分选定企业共建"校企师资共同体""创新兼职教师职业成长生态系统"以及"建立大学教师发展中心"等,形成与学校发展目标相匹配、大学—企业衔接交融、高质量并充满活力的专兼职教师队伍成长机制。

学生来源背景的多样性是本科层次职业大学相较普通本科院校尤为鲜明的特征之一。为适应不同背景生源,不少大学设计了多种不同的培养方案,这既显著增加了本科层次职业大学原本就不太充裕的办学成本,也不利于同一专业不同基础背景的学生群体融合,最终不利于形成和谐一致的校园文化。随着高等教育普及化程度的加深,未来包括本科层次职业大学在内的所有高等教育机构可能都会遇到生源背景越来越复杂的问题。因此,建议各大学探索建立在标准化课程、知识技能和毕业要求的基础上,以模块化教学和个性化辅导相结合的人才培养模式,满足和尊重学生的不同起点、不同进度、兴趣多元、标准统一的学业成长路径,为所有学生的高素质、专业化和个性化发展提供保障。

自编(含校企合作)教材、实训基地是本科层次职业大学与经济社会发展紧密联系的重要体现。分析后发现,本科层次职业大学的教材建设与实训资源配置呈现显著校际差异。从自编教材来说,截至2024年底,全国51所本科层次职业大学自编教材3 786本,校均74.2本;校企合作总计开发教材187本,占比4.9%。数据分布显示:90%院校的自编教材量低于200本,74.5%院校不足100本,仅1所大学突破500本;校企合作教材同样呈现集中态势,88%院校的合作教材量在100本以内,74.5%院校低于50本。为考察实训基地配备情况,本章还考察了本科层次职业大学"虚拟仿真基地"和"与企业共建开放型区域产教融合实践基地"的设置情况。截至2024年底,在全国50所本科层次职业大学中,建设的虚拟仿真实训基地总计250个,校均4.9个,约80%大学的拥有数量不超过10个,53.2%的虚拟仿真实训基地集中在前10所大学;与企业共建开放型区域产教融合实践中心共计644个,校均12.6个,约84%高校的拥有数量不超过20

个,拥有数量最多的前 10 所本科层次职业大学拥有总量的 80.1%。因此从总体上看,本章所考察的办学条件指标具有职业教育特色,尤其是教师队伍构成、学生来源背景多样等方面,显示了本科层次职业大学比传统普通本科院校所承担的人才培养任务更复杂、更有挑战性。而就所有本科层次职业大学来说,在行业导师和兼职教师聘任上、教材编写以及实训基地建设等方面,各大学之间分化现象尤为突出,反映出各校在办学基础条件与资源整合能力上存在显著梯度差异,这种差异直接制约着职业本科教育的均衡化发展。

第四章:办学投入。本章主要从教学运行经费支出、办学基础设施条件投入等方面,对本科层次职业大学的人才培养基础条件进行分析。结果表明,本科层次职业大学人才培养基础条件存在显著结构性失衡。第一,2023 年度数据显示,本科层次职业大学生均经费仅为普通本科院校的 36%,仅新疆地区职业本科院校生均教学支出超越普通本科基准线(116%)。第二,对各本科层次职业大学的办学经费支出及当年新增设施设备值分析后发现,民办性质大学较公办性质大学在生均日常运行经费、生均实习经费、生均教学科研仪器设备值等核心指标上均处于明显劣势,前者的支出水平基本上只有后者的 40%~50%。大学办学经费水平直接影响办学的方方面面。上述数据说明落实《教育强国建设规划纲要(2024—2035 年)》关于职业教育经费倾斜政策非常紧迫。在现阶段,建议发挥多方合力,构建可持续的资源分配体系,在确保各大学经费条件得到加强的同时,防止资源分配不均导致差距扩大。

第二部分为典型案例介绍,共选取了两个产教融合案例。它们采用的模式不同,但在融合效益方面各有所长。

第五章:从物理融合到认知融合:产教融合的三阶组合模式——深圳职业技术大学的探索实践。该案例以深圳职业技术大学(简称"深职大")人工智能工程技术专业与思谋科技公司的合作为案例,详细解剖了校企双方以"需求转化—分层培养—生态协同"为主线,在品牌建设、技术应用、产业需求的驱动下,形成的可持续发展的协同生态。该合作案例从合作初期聚焦物理层面的设备与技术共享开始,经历中期合作强调主体间的制度规则设计,演化到合作双方共同关注知识创新模式变革的高级阶段,完成了合作模式从"物理层融合—制度层融合—认知层融合"由浅入深、浅深协同的三阶组合。该专业的三阶组合合作模式,破解了校企合作长期困于"重设备轻机制、重形式轻内容"的浅表式合作,通过"企业捐赠设备＋学校承接研发"的合作模式升级,实质性打通产学研合作链条,最终形成教育供给与产业需求共享共赢的校企合作新生态。

在三阶组合合作模式中,各阶段的合作重点不同:在物理层融合阶段,合作的重点是通过双方共同的技术教育化改造,将工业生产全要素复刻至教学场域,形成物理空间的叠加形态。在制度融合阶段,通过建立分段分类分层的课证融通体系、双轨并行的分层培养模式,以及多方参与的教学质量保障制度,形成需求驱动的双向赋能协同育人长效机制,实现制度层融合。在认知层融合阶段,通过优化产业适配性定位、构建知识共创生态体系、建设联合研发平台等方式,构建以战略互信为根基、以知识/技能创新为特征的协同创新生态系统,双方迈入价值共创的高级融合阶段。研究显示,企业通过校企合作的三阶组合模式,一方面通过参与大学的人才培养目标及相关制度设计和培养过程,有利于尽早将企业需求、品牌意识、企业精神等植入大学人才培养场景,最终为企业发展提供有力的人才支持和技术保障;另一方面通过校企合作中的技术设备升级、产品推广,以及产品设备的教育化改造,直接推动企业的技术创新、科研成果转化以及市场开拓;另外,与深职大的合作还可以帮助企业形成参与高层次职业教育的品牌并产生示范效应。而对于深职大来说,其在与企业的合作中,精准把握产业前沿需求,同时通过与企业的深度资源共享,反哺教学范式创新,重构基于真实项目的实践教学场景,形成实时高效的产教双元赋能协同育人机制。利益双赢、责任分担、企业背书的校企生态培育系统由此落地。

第六章:产教综合体:实体化、一体化的产教融合新模式——金华职业技术大学的探索实践。该案例介绍了金华职业技术大学机械制造与自动化专业群,通过以场地、技术等入股,吸引企业投资或引入投资基金,共同组建公司化的运营实体,将校企合作从传统的"虚拟"向"实体"突破,实现产教融合的"自我造血";通过将原来"单一"基地向"综合"平台提升,实现"产学研训创"一体化,实现大学与企业在人才培养和产品技术研发中的无缝对接,走出了一条实体化运作、一体化提升的产教融合发展新路。依托产教综合体,金华职业技术大学在全方位统筹校企资源的基础上,探索构建校企之间的"三融三通"运行机制:"三融"是将企业的真实岗位能力需求作为大学的人才培养目标,校企双方共同制订培养方案、设置教学内容和标准,实现培养目标融合;将企业的生产任务和技术研发项目作为学校教学内容的载体,校企双方合作开发教学资源,实现教学内容融合;校企双方建立更加弹性的教学组织方式,设计一体化校企学习内容,解决教学安排与企业生产的冲突,实现培养方式融合。"三通"是将学校与企业共营实体公司的政策打通,将学校教师进入实体公司的身份打通,将实体公司资源共享与利益分配方式打通。依托产教综合体,金华职业技术大学机械制造与自动化专业群参与制定国家和行业标准15项、浙江制造团体标准8项;年产50万件航空部件产品,实体公司年产值超4000万元;年培训超3万人次,年均企业服务到款超1000万元;获批省级科技创新项目43项,为金华周边近50家中小企业提供技术服务,完成25家企业的100余种产品开发。校企联合主持国家专业教学资源库建设1个;出版新形态教材15部,其中国家规划教材7部,获全国优秀教材奖一等奖1项;成为教育部精密数控加工、工业机器人操作与运维等"1+X"证书考证培训基地,学生考证通过率达95%以上;学生获全国职业院校技能大赛等奖项200余项。

第三部分为专题研究,包括两个专题,分别指向我国职业本科教育的人才培养目标和美国社区学院中的"专升本"机制借鉴。

第七章以我国部分本科层次职业大学中的机械设计制造类专业为例,考察职业本科和专科在人才培养目标方面是否有别。自职业本科教育出现以来,其与职业专科教育的关系就被各界关心。人才培养目标是一切教育活动的出发点和落脚点,在职业本科教育过程中具有指导、评价、诊断、反馈等多重功能[1],因而也是观察职业本科教育与专科教育关系的关键视角之一。该专题通过对来自五所本科层次职业大学中的机械设计制造类专业负责人的访谈和相关人才培养方案的质性分析,发现职业本科定位于培养能适应机械设计制造类基础岗位及核心岗位需求的人才。其中,基础岗位着重于操作技能的掌握,核心岗位则强调运用理论知识解决实际问题的能力。为了满足这些岗位的需求,职业本科学生应具备个人效能胜任力、专业胜任力、工作场所胜任力、制造业通用胜任力、制造业部门胜任力。《国家职业教育专业教学标准(本科)》突出强调对核心岗位的重视,以体现职业本科教育的高阶性;但从现实来看,职业本科与专科对基础岗位能力的重视程度没有差别,二者的差异之处主要体现在对核心岗位的重视程度上:职业本科从任务的深度与广度、任务的复杂性与责任承担、技术应用与创新

---

① 　教育大辞典编纂委员会.教育大辞典(第3卷)[Z].上海教育出版社,1991:10.

等方面,较职业专科有明显的高阶性。此即意味着,职业本科教育不仅注重核心岗位,同时也将基础岗位能力培养置于重要地位,从而使得职业本科教育毕业生在岗位面向上具有较专科生更广阔的职业发展空间,并较普通本科毕业生有更扎实的面向实际岗位的专业基础技能,从而具备更好的职业适应能力。

根据上面的研究,可以发现:首先,既注重核心岗位,又关注基础岗位的人才培养目标定位,使我国初起步的职业本科教育较应用性普通本科教育和职业专科有不同的比较优势:较职业专科学生来说,职业本科学生有更长更宽的职业带,核心竞争力体现在核心岗位能力上;较普通本科毕业生来说,则有更扎实的基础岗位胜任力。其次,职业本科和专科教育在核心岗位胜任力方面的层次性和差异性,意味着职业本科教育较专科教育有明显的高阶性。考虑到当前我国大部分职业本科专业是在优质专科专业的基础上发展而来的,且较广泛地存在专科层次和本科层次并存的局面,因此就未来的发展方向来说,建议本科层次职业大学以"完全高等职业技术大学"建设为依托,一体化设计专科教育和本科教育,构建专科与本科教育并重、课程体系衔接贯通的高等职业技术教育体系,其中本科阶段低年级课程可与专科专业核心课程通用共享,从而使高等职业专科教育既可以直接通向劳动力市场,也可以向本科教育阶段平滑过渡。

第八章以美国佛罗里达州立杰克逊维尔学院(FSCJ)的幼儿教育专业为例,对社区学院"专升本"机制进行借鉴性研究。美国社区学院的 2 年制副学士项目在美国高等教育体系中占有重要位置,30％的美国本土大学生从社区学院副学士学位项目起步,但副学士学位不是大多数学生的学业终点,顺畅地从副学士到学士学位项目的衔接机制,使他们中的若干人可以在结束副学士学位项目后进入社区学院或综合大学的学士学位项目。美国社区学院学士学位(Community College Baccalaureate,以下简称CCB)项目始于 1989 年[①],如今已有 24 个州 191 所社区学院开设[②]。与综合性大学或其他 4 年制普通院校的学士学位项目相比,CCB 项目主要有两点不同:一是综合性大学或其他普通高校的 4 年制学位

---

① Park T. J., Tandberg D. A., Shim H. K., et al. Community College Teacher Education Baccalaureate Programs: Early Evidence Yields Mixed Results[J]. Educational Policy (Los Altos, Calif.), 2018, 32(7): 1018 - 1040.

② Association of Community College Baccalaureate Programs. Student access to community college baccalaureate degrees in the 50 states [EB/OL]. (2024 - 06 - 27)[2025 - 01 - 01]. https://www.accbd.org/wp-content/uploads/2024/06/Data-Points3_States_062724.pdf.

项目既可以招收首次入学大学生,也可以招收来自其他院校或专业的转学学生,而 CCB 项目只招收已经获得相关专业副学士学位的学生,不招收首次入学大学生;二是与综合性大学或其他普通院校的学士学位项目相比,CCB 项目具有明显的职业技能教育倾向,而且这一点在社区学院申请设置 CCB 时必须申明①。FSCJ 的幼儿教育理学学士学位项目即以在本校或其他社区学院已完成幼儿教育管理专业的理学副学士学位(A.S.)或文学副学士学位(A.A.)者为招生对象;但不管申请者来自哪个副学士学位项目,想要获得学士学位,均需至少花费 2 年时间,具体情况根据其在副学士学位期间修习课程的学分有多少能够转入 CCB 项目而定;申请者需要有比获得副学士学位更高的课程绩点(2.5/4.0),获得副学士学位的要求是 2.0/4.0;修读更多的学分(120 学分),副学士为 60 学分;学士学位高年级课程中包含更高的实习实践课程要求,在 11 门高阶课程中有 10 门是"基于工作的学习(work based learning)"②,而与其相近的幼儿教育管理副学士学位项目则在 11 门必修课中仅有 3 门包含类似的内容和安排。

美国社区学院中从副学士到学士学位项目的转换,与我国现阶段高等教育体系中广泛存在的"专升本"类似。但除了招收"专升本"学生之外,现阶段我国职业本科教育还招收其他背景的学生,有大学总结为"同一个专业、两种学制、三类生源、五类专业基础,为人才培养目标、人才培养方案设计、课程选择、教学模式、教学实践等带来了困难"③,多数大学因此采用了分类制定培养方案、分别培养的模式,这对我国办学资源本就不太充足的本科层次职业大学来说,既增加了办学成本,又可能会因此固化学生的背景身份,甚至可能会影响到最终的培养成效。借鉴美国社区学院以课程作为衡量学生学习阶段的做法,研究者认为我国本科层次职业大学可以从以下四个方面完善融合不同来源背景学生的培养过程:① 制定并公开发布各专业的修读方案,使所有相关院校、学生都能在入读之前及入读过程中,及时了解不同专业的修读要求,并提前做好相关准备;② 开展

---

① Florida Legislature. Florida Statutes 1007.33, Site-determined baccalaureate degree access[EB/OL]. (2013 – 07 – 01)[2025 – 01 – 01]. https://www.lawserver.com/law/state/florida/statutes/florida_statutes_1007-33.

② Florida State College at Jacksonville. Early Childhood Education [EB/OL]. [2025 – 01 – 01]. https://catalog.fscj.edu/programs/T100?_gl＝1％2a1ohdur4％2a_gcl_au％2aMTI1MzEwMDE3NC4xNzEzMzMwNjcx.

③ 山西工程科技职业大学.山西工程科技职业大学 2023—2024 学年本科教学质量报告[EB/OL].(2024 – 12 – 05)[2025 – 05 – 09].https://www.sxgkd.edu.cn/info/1207/16776.htm.

以模块化课程为基础的课程标准化建设,比如根据职业本科和专科教育的培养目标,建立以模块化课程为核心的专业人才培养方案,既便于课程方案的及时更新,也便于学生跨院校、专业、学段的课程模块认定、转换和衔接;③ 加强院校、专业以及不同层次之间的沟通协作,尝试建立跨校、跨专业的课程模块认定与转换机制;④ 建立明确的先修课程制度,以课程而非年级、来源身份等限制学生的课程模块修读基础和进度,凡是没有完成或者先修课程成绩不达标的学生,一律不能进入高阶课程,以课程和成绩作为判断学生学业是否达标的基本标准。

回首我国高等教育体系的建设历程,从专科到博士层次,从职业教育到普通教育,从公办到民办……高等教育类型结构的丰富性和复杂性不亚于世界上任何其他国家;根据世界银行数据,2023 年我国高等教育入学率已到达 75%,适龄人口接受高等教育的需求得到广泛覆盖,再加上以人工智能、大数据为基础的新一代产业技术革命汹涌而至,后现代国家的部分特征已经开始出现,在此经济社会背景下诞生的本科层次职业大学,不仅需要面对来自教育系统内部的学段衔接与类型差异化发展问题,还需要面对教育系统之外的家长、学生、社会及企业的认可度挑战,本科层次职业大学的发展之路道阻且长。作为与产业经济衔接适配度要求最高的教育形态,职业教育自文明肇始便与人类发展共生演进,其当代转型必将成为推动文明进程的关键力量之一。

上海交通大学教育学院学生发展与人才成长研究中心将在软科(上海)市场调查有限公司和深圳职业技术大学的共同支持下,每年针对本科层次职业大学建设发展过程中的若干问题开展研究,并以年度发展报告的形式呈现,期望以研究者的视角,参与到我国本科层次职业大学蓬勃发展的洪流之中。《中国职业本科教育发展报告(2025)》是我们的首次尝试,由于时间和能力所限,数据资料、内容观点、排版格式等都可能有错漏失当之处,敬请各位专家读者批评指正,我们期待未来可以做得更好。

目 录

第一部分　办学基本情况

第一部分
办学基本情况

第一章
本科层次职业大学的办学目标定位

2019 年,我国启动本科层次职业教育试点,以培养高层次技术技能人才,这成为本科层次职业大学建设发展的起点。在此之后,《中华人民共和国职业教育法》《本科层次职业学校设置标准(试行)》《本科层次职业教育专业设置管理办法(试行)》《职业教育专业目录(2021 年)》等法律和政策文件相继出台,对本科层次职业教育中的院校建设、专业建设、人才培养方案制定、教师队伍建设等环节作出了具体规定,为本科层次职业教育人才培养奠定了坚实基础。本章依据至2024 年底我国 51 所本科层次职业大学发布的学校章程及《本科教学质量年度报告》等公开资料中所阐述的办学目标、学校定位、人才培养目标等信息①,梳理当前我国职业本科院校的办学目标定位。

一、锚定目标:打造中国特色
高水平职业技术大学

2019 年,国务院印发的《国家职业教育改革实施方案》提出"建设一批引领改革、支撑发展、中国特色、世界水平的高等职业学校";2025 年,中共中央、国务院印发的《教育强国建设规划纲要(2024—2035 年)》提出要"建设一批办学特色鲜明的高水平职业本科学校"。目前,"特色鲜明""高水平"成为我国职业本科院校描述学校定位或发展目标的关键词,"努力建设特色鲜明的高水平本科层次职

---

① 注:包括 27 所学校公开的章程及 32 所学校公布的《2023—2024 学年本科教学质量年度报告》,相关文本均来源于各大学的官方网站。其中,关于"学校的发展定位"的统计来源于各学校的公开章程,关于"人才培养目标"的统计来源于各学校公布的《2023—2024 学年本科教学质量年度报告》。

业大学"频频出现于各院校的章程中。比如,在 27 所大学的章程中,"特色鲜明"出现 21 次,"高水平"出现 13 次。在各校发布的《本科教学质量年度报告》中,"学校特色发展"也多次出现。本科层次职业大学试图通过强化"产教融合""岗课赛证研一体化""专业群建设"等,突出职业教育特色。

(一) 产教融合

本科层次职业大学重视与企业合作并形成校企双主体育人模式。在具体的办学过程中,本科层次职业大学采用"订单班"、项目制等人才培养模式,根据企业所需,为其定制个性化课程,并与企业共同实施培养过程。

此外,部分大学基于现代学徒制建立了现场工程师专项培养项目。例如,兰州资源环境职业技术大学与航天信息股份有限公司合作,开展现场工程师培养,设立了"信创信息安全现场工程师"班。河北科技工程职业技术大学设立电气工程及自动化、新能源汽车工程技术、机械设计制造及自动化、网络工程技术等 4 个本科专业"卓越现场工程师培养计划"专项,旨在培养高端装备制造业卓越现场工程师,其中,与长城汽车股份有限公司合作的项目获批国家级现场工程师专项培养项目。

依托地方产业优势,开设相关专业,打造特色产业学院,是本科层次职业大学办学的一种重要模式。例如,深圳职业技术大学与企业共同打造华为信息与网络技术学院、比亚迪应用技术学院等 18 个特色产业学院;漯河食品工程职业大学先后与行业领先企业合作共建双汇商业学院、京东电商学院、东软数智产业学院、中比新能源产业学院等 10 个特色产业学院。在产业学院模式中,学校与企业的合作更加深入,不仅为学生提供了便利的实习实践机会,而且提升了教育与地方产业发展的适应性。

(二)"岗课赛证研"一体化

在专业能力培养过程中,院校将岗位标准、技能赛事、职业证书、科研项目中涉及的专业知识、技能操作、职业素养等要求融入课程教学中,构建一体化培养体系。例如,山西工程科技职业大学拥有 72 个"1+X"中级证书试点,2024年,该校申报了 22 个证书试点,其中包括 4 个高级证书试点,覆盖 26 个职业本科专业。

(三) 建设专业群

专业群是一组结构有序、优势互补、资源共享的专业或专业方向的集合[①]。专业群建设能够打破专业局限,培养复合型人才,发挥专业群优势进行模块化教学,实现群内课程的灵活置换。目前我国本科层次职业大学的专业群组建模式主要包括产业驱动型、资源共享型和政策驱动型三种[②]。

案例 1-1

山西工程科技职业大学专业群建设[③]

山西工程科技职业大学按照对接产业链、跨院建群、资源共享的思路,打造建群逻辑清晰、发展方向明确、服务产业链有力的高水平专业群,初步形成了以职业本科专业为骨干、高职专科专业相互支撑的 20 个专业群,其中建成 3 个省级特色专业群:

古建筑工程专业群:包含古建筑工程、建筑设计、建筑装饰工程、石窟寺保护(专科)与建设工程管理 5 个专业,由建筑设计学院牵头,工程管理学院配合。

智能建造专业群:包含智能建造工程、建筑工程、城市地下空间工程、工程造价、建筑环境与能源工程 5 个专业,由建筑工程学院牵头,工程管理学院、设备工程学院配合。

道路与桥梁工程专业群:包含道路与桥梁工程、市政工程、工程造价、智能交通管理与测绘工程技术 5 个专业,由交通工程学院牵头,工程管理学院、计算机工程学院配合。

(四) 特色育人文化

当前我国本科层次职业大学大多是由具备一定办学基础的其他高校升格而

---

① 张红.高职院校高水平专业群建设路径选择[J].中国高教研究,2019(06):105-108.
② 宋亚峰,许钟元.和合共生:职业本科院校专业群组建模式研究——基于全国职业本科校的多案例研究[J].中国职业技术教育,2024(16):86-95.
③ 山西工程科技职业大学.山西工程科技职业大学 2023—2024 学年本科教学质量报告[EB/OL].(2024-12-05)[2025-05-09].https://www.sxgkd.edu.cn/info/1207/16776.htm.

来的,因此基于原有办学文化,营建既有职业教育特色又体现办学传统/特色的校园文化,成为各本科层次职业大学的普遍做法。例如,河北科技工程职业技术大学,赓续原军队办学优良传统,深耕军民融合发展,坚持"技术立校,军风育人"的办学理念,培养军地贯通型技术技能人才,推进军民两用技术创新,开展退役军人培训,形成了鲜明的军民融合育人文化①。与之类似,西安汽车职业大学倡导"汽车文化"育人,贵阳康养职业大学致力于营造"康养特色文化"等等。

二、本科为主:重视本科层次职业教育②

在办学层次上,本科层次职业大学当前把发展本科教育作为重中之重,试图以全日制本科层次职业教育为主,缩小甚至取消专科层次。例如,河南科技职业大学就在学校章程中明确提出要"逐步减少专科层次招生数量、增加本科层次招生数量,使办学规模稳定在2万人左右"。为了打造职业人才成长全链条,还有本科层次职业大学提出积极探索发展研究生层次教育,在时机成熟时适时开展研究生职业教育。

三、服务地方:促进地方经济与
区域特色产业发展

(一)服务国家战略

本科层次职业教育是时代发展的产物,在高质量发展与中国式现代化背景下应运而生,主动服务和融入国家重大战略是本科层次职业大学的发展基础。例如,广州科技职业技术大学地处"一带一路"倡议重要枢纽城市,立足陆海空港的强大贸易与物流需求及"一带一路"沿线国家共建项目,将办学宗旨定位于服务粤港澳大湾区发展和"一带一路"倡议,专业设置涵盖土木建筑、装备制造、电子信息、轻工纺织、财经商贸等专业类,开设了"'一带一路'沿线国家旅游概况""国际物流""国际贸易实务""粤港澳经济"等专业课程。在我国老龄化持续加深

---

① 河北科技工程职业技术大学.河北科技工程职业技术大学2023—2024年度本科教学质量报告[EB/OL].(2024-12-10)[2025-05-11].http://www.hevute.edu.cn/sylm/xxgk/205f80cbaeed434e8a6ace96e2e0f58b.htm.

② 注:该部分内容详见第二章。

的背景下,贵阳康养职业大学围绕人口老龄化国家战略、健康中国战略,设立了智慧健康养老管理、现代家政管理、医养照护与管理等专业,开展养老护理员、健康照护师等18项职业技能等级认定,承办贵州省养老服务人员培训。面对全球气候变暖等环境问题,为促进全球可持续发展、建设美丽中国,河北石油职业技术大学设立了"碳中和管理"专业,建立了绿色低碳产教融合实践基地,开展"中法—施耐德电气绿色低碳产教融合"等中欧产教融合创新平台项目。服务于国家战略需求是职业教育的社会价值,只有紧紧围绕国家发展需要,适应产业转型升级与新兴产业发展的大趋势,本科层次职业教育才能焕发生命力。

案例 1-2

哈尔滨职业技术大学响应援疆战略①

哈尔滨职业技术大学结合办学优势,先后与新疆阿勒泰职业技术学院、新疆工业职业技术学院、喀什职业技术学院、可可托海职业技术学校建立了合作关系,开展专题培训、专业共建、联合培养等工作,并取得了良好效果。具体做法包括:

与新疆工业职业技术学院形成结对关系,共同开展工业机器人技术专业建设,在构建课程体系、优化人才培养方案、设置专业考证课程等方面开展深入交流。

与可可托海职业技术学校签订《"小组团"援疆团队与柔性援疆专家人才引才协议》,选派教师赴可可托海职业技术学校进行支教工作。

为阿勒泰职业技术学院开展整改专题培训以及指导,并接收该校教师来校交流学习,并为来校学习的教师配备导师,全程参与学校的人才培养方案制定、在线课程建设、教材编写、"1+X"证书试点以及教学管理等工作。

开展"慕课西行—同步课堂"活动,通过在线平台为喀什职业技术学院机电专业4个班134名学生讲授了电梯电气控制、硬件接线与软件编程方法等内容。

---

① 哈尔滨职业技术大学.哈尔滨职业技术大学2023—2024学年本科教学质量报告[EB/OL].(2025-01-17)[2025-05-11].http://www.hrbzy.edu.cn/xxgk/47/d9/c985a18393/page.htm.

(二) 契合区域发展与行业需求

《本科层次职业教育专业设置管理办法(试行)》明确提出,本科层次职业教育专业设置"应紧紧围绕国家和区域经济社会产业发展重点领域,服务产业新业态、新模式,对接新职业"①。一方面,本科层次职业大学在与区域行业产业的合作中,获取各类教育资源;另一方面,通过对接所在地产业行业需求,为所在区域输送人才,服务于地方经济社会发展。在各大学的章程中可以清楚地看到,"立足所在区域,面向所在省份,辐射全国"是本科层次职业大学的主要服务面向,而所在区域是各大学发展的立足点。各大学与所在区域产业的对接情况如表1-1所示。

表1-1　部分本科层次职业大学与地方产业的对接情况

学　　校	对 接 地 方 产 业
哈尔滨职业技术大学	对接黑龙江省"五大规划""十大重点产业"和哈尔滨市高端装备制造业、现代服务业、新一代信息技术、医护养老产业发展需要
河北科技工程职业技术大学	面向河北省"986"战略性新兴产业融合集群、河北省制造业"4+4+3+N"产业体系、邢台市"十四五"规划"3+2"产业体系
山东工程职业技术大学	对接山东省"6997"现代化工业体系和"十强"优势产业中的战略性新兴产业、支柱产业
漯河食品工程职业大学	围绕河南省万亿级食品产业和漯河中国食品名城建设人才需求
重庆电子科技职业大学	主动服务长江经济带、成渝地区双城经济圈、西部(重庆)科学城等国家战略,重点对接重庆"33618"现代制造业集群发展
深圳职业技术大学	对接广东"10+10"产业体系和深圳"20+8"产业
广西农业职业技术大学	紧密围绕广西"10+3+N"现代特色农业产业发展需求,对接优质粮食、糖料蔗、特优水果、特色蔬菜、优势蚕桑、茶、食用菌、中药材、渔业、优质家畜、优质家禽、油茶特色经济林等12个广西千百亿元产业集群

---

① 教育部.教育部办公厅关于印发《本科层次职业教育专业设置管理办法(试行)》的通知[EB/OL].(2021-01-26)[2025-05-11].http://www.moe.gov.cn/srcsite/A07/zcs_zhgg/202101/t20210129_511682.html.

学　　校	对 接 地 方 产 业
海南科技职业大学	聚焦海南"4＋3＋3"特色现代化产业体系,面向海南油气、高新技术、互联网、医药、医疗健康等重点产业群,服务高端产业和产业高端需求

四、育人核心：培养高层次技术技能人才

2020 年中共中央、国务院印发《深化新时代教育评价改革总体方案》,将"引导培养高素质劳动者和技术技能人才"视为职业院校评价的重要目标。2021 年教育部制定的《本科层次职业教育专业设置管理办法(试行)》同样提出要"坚持高层次技术技能人才培养定位"。在相关政策指导下,结合社会发展对人才的需求,32 所本科层次职业大学的《本科教学质量年度报告》紧紧围绕"高层次技术技能人才"展开人才培养目标描述,其中包括工匠精神、创新能力、实践能力等多项要素,体现了"高层次技术技能人才"的多层内涵(详见图 1-1)。

(一) 具备本科层次知识水平、面向高端产业与产业高端的高层次人才

本科层次职业教育的人才培养凸显了与专科层次职业教育相区别的层次特点。在培养目标中,各大学多提出其学生需具备"本科的科学文化水平""一定的科学文化水平",同时在专业上要具备"扎实的技术基础知识""系统的基础理论知识""专业技术领域的基础理论"等,能够服务于高端产业与产业高端,生产加工中高端产品,提供中高端服务。

(二) 具备实践能力和专业技术技能的技术型人才

区别于普通本科院校,本科层次职业大学坚持职业教育类型定位。各大学在师资队伍建设、教学方法改进、教学设施建设、培养环节设计等方面,突出教育与产业深度融合的职业教育特征,致力于丰富学生的专业技术知识、培养他们的职业技能。具体来说,各大学与企业行业合作制定人才培养方案,让企业参与到

图1-1　人才培养目标①

人才培养的过程中；建设"双师型"教师队伍，不断提升教师实践能力，使新技术、新工艺能够及时在教学中得到应用；不断加强实习实训基地建设以及与企业的合作，在教学过程中融入成果导向教育（OBE）理念、采用项目制教学、在真实情境中实现"做中学"等；强化实习实训、社会实践、比赛竞赛等方式在人才培养中的重要作用，使实践教学学时占总学时比例达到50%以上。

（三）能够解决复杂问题和进行复杂操作的复合型人才

在人工智能快速发展的时代背景下，简单的程序性操作将被人工智能替代，一线工作人员需要处理更加复杂的问题，因此，本科层次职业大学需要在扎实的科学文化素养与专业技能的基础上，培养学生解决复杂问题、进行复杂操作的能力。

---

① 注：图中词汇的大小与该词在学校人才培养目标中出现的频率呈正相关。

(四) 具备终身学习与可持续发展能力的发展型人才

随着产业转型和技术升级速度加快,个体职业生涯发展面临的不确定性和岗位任务复杂性日益增加。终身学习能力是未来高层次技术技能人才必须具备的基本素质能力之一。因此,本科层次职业大学提出要培养学生的终身学习能力与可持续发展能力,以帮助学生能够在未来的职业发展过程中自主进行知识迁移与技术递进。

(五) 具备创新意识与创新能力的创新型人才

创新型人才是应对产业智能化转型与技术迭代加速的必然要求。这就要求本科层次职业技术大学培养的人才能够适应岗位技术技能不断变化的趋势,能够参与技术改良与工艺创新,特别是能够掌握高级技术岗位的核心技术且能够进行技术创新转化。培养这种能力的关键,在于通过课程、教学、比赛及基地建设等形式,实现职业本科教育从"技能适配"向"创新驱动"范式转型,尤其是培养学生将已有科技成果转化为现实技术的能力。

(六) 具备工匠精神、职业道德与就业创业能力的职业型人才

本科层次职业大学明确以就业为导向,坚持培养具备工匠精神和职业道德及创业能力的职业型人才。正因为人才培养定位明确,本科层次职业大学毕业生受到用人单位青睐。目前,本科层次职业大学的毕业生就业情况向好,如浙江机电职业技术大学城市轨道交通设备与控制技术专业主要面向中国中车等轨道机电设备生产企业,以及机电设计院等相关轨道机电设备产业链企业等培养人才,近年来毕业生就业率均超过 98%;南京工业职业技术大学 2023 届本科毕业生的职业期待吻合度、专业对口度、履约率、月收入也均高于其专科毕业生[①]。

(七) 具有社会责任感与国际视野的国际化人才

如前所述,本科层次职业大学的建设与发展紧密围绕国家发展战略,服务区域经济社会发展需求,因此,在人才培养过程中重视学生"社会责任感""使命感"

---

① 经济参考报.职业本科:缘何吸引更多高分考生? [EB/OL].(2024－08－08)[2025－05－11].https://www.news.cn/20240808/361045af23844c44b560b9059e000e69/c.html.

"奉献精神""家国情怀"等的养成。同时,随着国际产能合作和共建"一带一路"的深入实施,中国职业教育正成为中国教育对外开放新的支撑点以及中外经贸和人文交流合作新的载体。作为职业教育的顶端,我国本科层次职业大学通过开展国际专业评估认证、组织参与国际大赛、学生短期访学、学生继续深造、建设中外合作专业、开发中外合作课程、共建中外合作中心、鼓励教师参与国际研修项目与学术交流项目等,培养具备全球视野的高层次技术技能人才。

案例 1-3

上海中侨职业技术大学的国际合作与交流①

上海中侨职业技术大学获得了 ACQUIN 国际认证,与来自美国、澳大利亚、英国、德国、新西兰、西班牙、芬兰、法国、日本、韩国等国家的近 20 所海外优质高校开展国际交流与合作,每年有近百名学生赴海外学习深造或短期访学。2023—2024 学年,学校开发中外合作专业 4 个、中外合作特色课程 31 门,同时,学校着力推进突尼斯汉语言及文化学习中心建设项目,合作培养学生 280 人。此外,学校也注重培养教师队伍的国际化素养,帮助教师学习更多国际职业教育经验。学校与德国最大的应用技术大学——巴登符腾堡双元制应用技术大学共建国际教育研究院、中德职业教育师资培训中心。2024 年 6 月至 7 月,31 名上海高校教师赴德国,参加为期半个月的中德师资发展培训——CAS(Sino-German Faculty Development Training CAS Program)项目的学习,内容涵盖德国高等教育体系与双元大学、双元大学专业建设与质量保障;人才培养方案及课程规划、实施和评价;高等职业教育课程教学方案规划、实施和评价;德国职业教育产教融合经验及对中国高等职业教育的启示等。

综上所述,本科层次职业大学的办学目标和人才培养目标定位紧密围绕职业教育类型和本科层次要求,致力于培养"高层次技术技能人才",总体上符合国家对职业本科教育的战略定位。然而,确立办学目标定位仅是开展职业本科教

---

① 上海中侨职业技术大学.上海中侨职业技术大学 2023—2024 学年本科教学质量报告[EB/OL].(2024-11-29)[2025-05-11].https://houtai.shzq.edu.cn/_s135/2024/1202/c3683a44705/page.psp.

育的第一步,其核心作用在于为教育过程提供指导,以助力本科层次职业大学实现既定的办学目标定位。目前,尚缺乏充分证据来衡量本科层次职业大学在多大程度上实现了其预期的办学目标定位。不过,只要职业本科院校在明确且合理的目标指导下,采用基于证据的教育方法,持续增加教育投入并优化教育过程,具有职业教育特色的高质量本科教育是可期的。诚然,已设立的本科层次职业大学在这方面肩负着重大的历史使命,其办学成效不仅关乎其自身的未来,也对职业本科教育的未来发展具有深远影响。

梳理过程中也发现,虽然各校发布的章程及《高等职业教育质量报告》(含《本科教学质量年度报告》)等正式文件通常是大学内外特别是大学之外的人或机构了解大学的重要信息来源,但个别大学或没有及时公开报告,或报告中呈现出来的重要信息不全,或报告中还有明显的表述不足等,这些情况也会影响外界对本科层次职业大学真实水平的了解。

（执笔人：黄冰冰）

第二章
本科层次职业大学的结构与专业设置

我国本科层次职业大学作为一种新型高等职业院校,自 2019 年首次设立以来已步入快速发展轨道。与此同时,本科层次职业大学的专业设置步伐亦显著加快。本章分析了本科层次职业大学的规模与结构、本科专业设置以及本科专业与专科专业的层次结构等发展现状,并提出了关于构建完全高等职业技术大学的若干思考。本章有关本科层次职业大学数量的数据来源于 2024 年教育部全国高等学校名单①及 2025 年设置的院校名单②,专业设置数据来源于 51 所本科层次职业大学 2024 年招生官方网站,有关招生数和在校生数来源于教育部2022 年教育统计数据③。

一、本科层次职业大学的结构

(一) 本科层次职业大学的区域结构

我国本科层次职业大学数量快速增加。据统计,2020 年和 2021 年连续两年本科层次职业大学数量增长率保持在 45％左右,2024 年较上年增加了54.5％。截至 2025 年 1 月,全国通过教育部审批的本科层次职业大学达到 56所,其中 51 所已于 2024 年开始招生。从地区分布看,如图 2－1 所示,浙江、

① 教育部. 全国高等学校名单[EB/OL].(2024－06－20)[2025－04－26]. http://www.moe.gov.cn/jyb_xxgk/s5743/s5744/A03/202406/t20240621_1136990.html.
② 教育部. 院校设置[EB/OL].(2024－06－20)[2025－04－26]. http://www.moe.gov.cn/srcsite/A03/s181/index_1.html.
③ 教育部. 职业本科分专业大类学生数[EB/OL].(2024－12－25)[2025－04－26]. http://www.moe.gov.cn/jyb_sjzl/moe_560/2022/quanguo/202401/t20240110_1099509.html.

新疆、山东、江西、河北、广西、广东、甘肃等八省的本科层次职业大学数均达到 4 所,重庆、四川、陕西、山西、湖南、河南、贵州、北京等八省各有 2 所,上海、黑龙江、吉林、辽宁、江苏、海南、福建、青海等八省各有 1 所。根据最新消息,新疆拟再设置 2 所本科层次职业大学,[①]江苏省拟再设置 3 所,[②]江西省拟再设置 2 所。[③] 目前,安徽、湖北、云南、内蒙古、宁夏、西藏、天津等七省尚未设立本科层次职业大学。

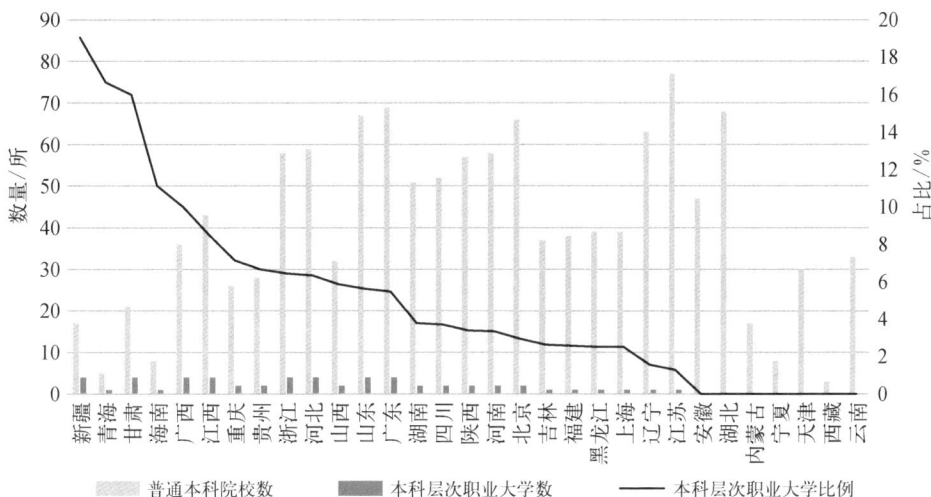

图 2-1 我国本科层次职业大学的区域分布

从相对比例看,革命老区、少数民族和边疆地区本科层次职业大学在本科高校(包括普通本科高校和本科层次职业大学)中的比重相对较高,其中新疆占 19%,青海、甘肃和海南分别占 17%、16%、11%。之所以比重相对较高,是因为相比江苏、广东、山东、湖北、北京等本科教育大省,这些地区原有的普通本科高校数量基数小,例如,青海原有的普通本科高校仅有 5 所,海南仅有 8 所。

① 澎湃新闻. 公示! 2 所高校,拟升本! [EB/OL].(2024-12-21)[2025-04-26]. https://www.thepaper.cn/newsDetail_forward_29694886.

② 江苏省教育厅. 公示[EB/OL].(2024-08-08)[2025-04-26]. https://jyt.jiangsu.gov.cn/art/2024/8/8/art_58320_11319718.html.

③ 江西发布.江西拟新增 5 所高校! [EB/OL].(2024-12-24)[2025-04-26]. https://mp.weixin.qq.com/s?__biz=MzA3MjE5MzY5NA==&mid=2656557195&idx=1&sn=0391cff619e5bd34874998122fd21981.

从所在地来看，目前位于省会城市的本科层次职业大学共计 27 所，占总数的 48%；位于非省会城市的学校则有 29 所，占总数的 52%（见图 2 - 2）。而2024 年全国普通本科高校中，760 所（占 58%）位于省会城市，548 所（占 42%）位于非省会城市。由此看出，普通本科高校分布具有明显的省会集中特点，而本科层次职业大学布局在省会和非省会城市之间保持大体平衡，历年本科层次职业大学设置的位置数据也说明了这一点。

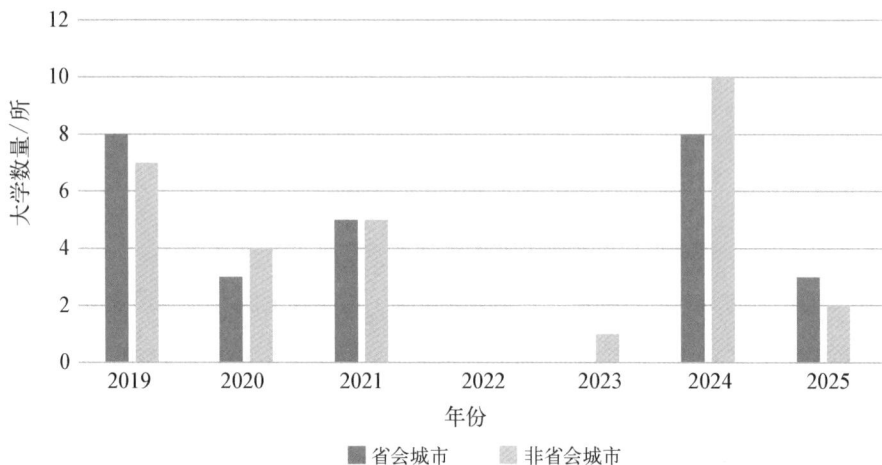

图 2 - 2　年度新增本科层次职业大学的地理位置分布

（二）本科层次职业大学的性质结构

在办学主体方面，我国本科层次职业大学发展带有明显的"先民后公""公强民弱"特点。2019 年，首批成立的 15 所本科层次职业大学皆为民办性质，次年又增加了 7 所，其中 6 所是民办。但从 2021 年开始，随着合并转设方式的实施，本科层次职业大学的公办性显著增强，当年新增的 10 所学校中有 9 所属于公办性质，2023 年增加的 1 所、2024 年增加的 17 所及 2025 年 1 月增加的 5 所，均为公办性质。就目前设置的 56 所本科层次职业大学而言，如图 2 - 3 所示，公办占59%，民办占 41%，公办比例显著高于民办。

在民办高等职业学校中，本科层次职业大学占比很少。近年来，专科层次职业学校数量总体上呈稳步增长趋势。然而，除了 2021 年大幅增加外，2020 年到2024 年，本科层次民办职业学校仅增加了 2 所，其在民办高等职业学校中的占

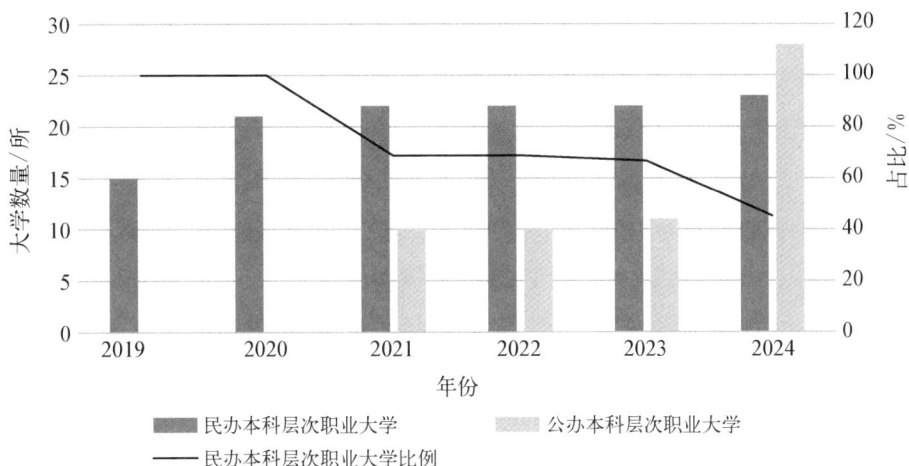

图 2 - 3　2019—2024 年公办和民办本科层次职业大学的数量变化

比维持在 5％～6％之间,但在 2022 年出现下滑(见图 2 - 4)。不仅如此,本科层次职业大学在民办本科学校中的占比也很低。2019 年,我国民办本科学校共计 449 所,民办本科层次职业大学 15 所,占 3％。2021 年,民办本科学校总数下降到 412 所,民办本科层次职业大学增至 22 所,占总数的 6％,不过这一比例一直维持至今(见图 2 - 5)。

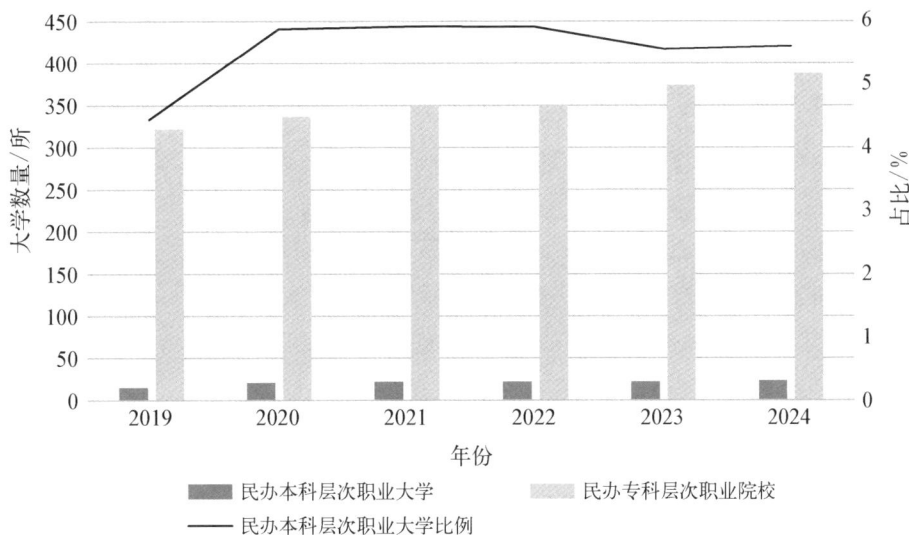

图 2 - 4　民办本科层次职业大学在民办高等职业学校中的比例变化

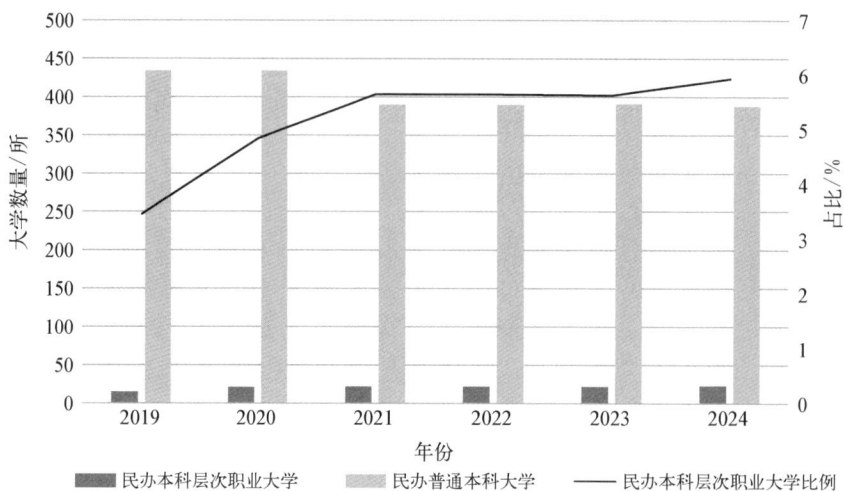

图 2-5　民办本科层次职业大学在民办本科学校中的比例变化

（三）在高等职业学校中的比重

如图 2-6 所示,2019 年,即本科层次职业大学发展伊始,我国共有高等职业院校 1 438 所,其中本科层次职业大学 15 所,占总数的 1%。至 2024 年,全国高等职业学校总数达到 1 611 所,本科层次的职业院校数量增至 51 所,其占比提升至 3%。尽管 5 年间本科层次职业大学总数增长了 3.4 倍,但其在高等职业院校中的比重仍很小。

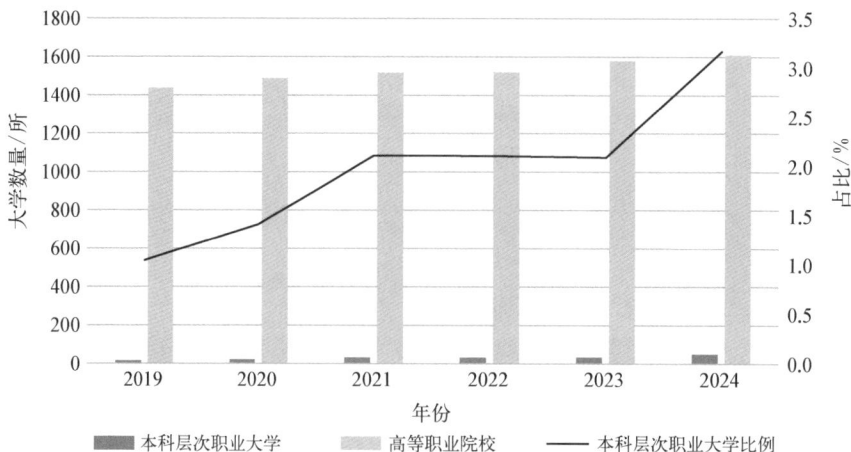

图 2-6　本科层次职业大学在高等职业学校中的比重

（四）在本科层次院校中的比重

本科层次院校分为普通本科和职业本科两种类型，它们分别代表了学科导向和职业导向。2024 年，连同本科层次职业大学在内，我国本科院校共计 1 308 所。其中，普通本科院校有 1 257 所，本科层次职业大学有 51 所，后者在本科层次院校中的比例仅占 3.9%（见图 2-7），仍然很小。尽管目前有关普通本科和职业本科教育的结构尚未形成共识，但无可争辩的是，除极少数从事科学研究事业外，绝大多数本科毕业生进入产业界从事与所学专业相关的职业。在这种意义上，本科层次职业大学还有很大的发展空间。

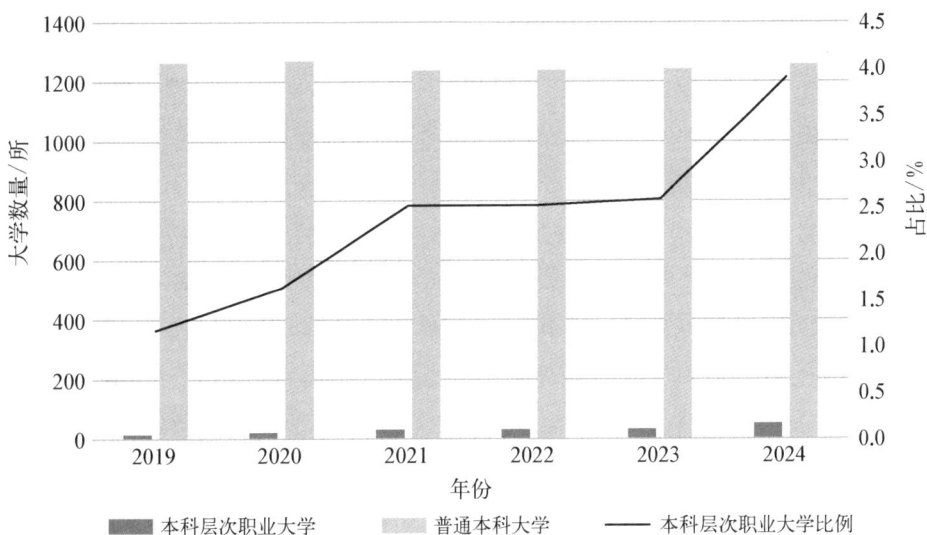

图 2-7　本科层次职业大学在本科层次学校中的比重

二、本科层次职业大学的专业设置

（一）本科专业设置概况

教育部于 2021 年印发的《职业教育专业目录》(本科)经过 2024 年 12 月修订后，共设 19 个专业大类、92 个专业类、298 个专业。据统计，2024 年全国 51 所本科层次职业大学设置的职业本科专业点共计 892 个，涵盖 75 个专业类、190

个专业①,即尚有 17 个专业类、108 个专业未被覆盖,这 17 个专业类是建筑材料类、城乡规划与管理类、房地产类、水文水资源类、水利水电设备类、轨道装备类、包装类、粮食类、邮政类、统计类、文化服务类、公安技术类、侦查类、法律执行类、司法技术类、安全防范类、文秘类。以下按照专业大类,对本科层次职业大学的专业布点数量进行统计分析。

在农林牧渔领域,本科层次职业大学已经开设了动物医学、设施园艺、现代畜牧、现代种业技术、作物生产与品质改良、智慧农业技术、智慧林业技术、园林工程、现代水产养殖技术等 9 个专业。除了动物医学、设施园艺和现代畜牧三个外,其他专业的开设点数量仅为 1 个。至于现代农业经营与管理、智能化农业装备技术、现代植保技术、茶叶生产与应用技术、林业产品智能制造、林草保护工程、林业碳汇工程、动物药学、宠物医疗、远洋渔业等 10 个专业,目前尚未在本科层次职业大学设立(见图 2-8)。

在资源环境与安全领域,本科层次职业大学布点最多的是生态环境工程技术,达到 6 个,其次是油气储运工程和测绘工程技术专业,均为 3 个,而资源勘查工程技术、环境地质工程、石油工程技术、煤炭清洁利用工程、智慧气象技术、应急管理、消防工程技术等 7 个专业的布点数均为 1 个,至于生态环境数智化监测技术、资源循环工程 2 个专业,本科层次职业大学尚未设置,如图 2-9所示。

在能源动力与材料领域,如图 2-10 所示,本科层次职业大学设置最多的是新材料与应用技术专业,达到 3 个,其次是材料化冶金应用技术专业,为 2 个,但尚未设立电力工程及自动化、智慧综合能源工程、核工程与核技术应用、金属智能成型技术、建筑材料智能制造等 5 个专业。

---

① 数据来源:各校招生官方网站。75 个专业类分别是农业类、林业类、畜牧业类、渔业类、资源勘查类、地质类、测绘地理信息类、石油与天然气类、煤炭类、气象类、环境保护类、安全类、电力技术类、热能与发电工程类、新能源发电工程类、黑色金属材料类、有色金属材料类、非金属材料类、建筑设计类、土建施工类、建筑设备类、建设工程管理类、市政工程类、水利工程与管理类、水土保持与水环境类、机械设计制造类、机电设备类、自动化类、船舶与海洋工程装备类、航空装备类、汽车制造类、生物技术类、化工技术类、轻化工类、印刷类、纺织服装类、食品类、药品与医疗器械类、铁道运输类、道路运输类、水上运输类、航空运输类、城市轨道交通类、电子信息类、计算机类、通信类、集成电路类、护理类、药学类、中医药类、医学技术类、康复治疗类、公共卫生与卫生管理类、健康管理与促进类、眼视光类、财政税务类、金融类、财务会计类、经济贸易类、工商管理类、电子商务类、物流类、旅游类、餐饮类、艺术设计类、表演艺术类、新闻出版类、广播影视类、教育类、语言类、体育类、法律实务类、公共事业类、公共管理类、公共服务类。

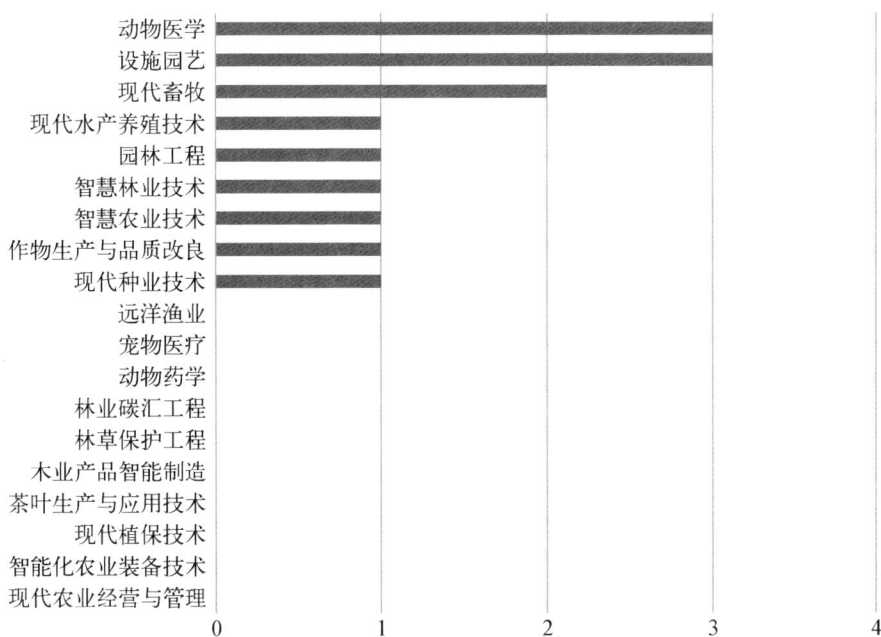

图 2‑8　农林牧渔大类专业布点数

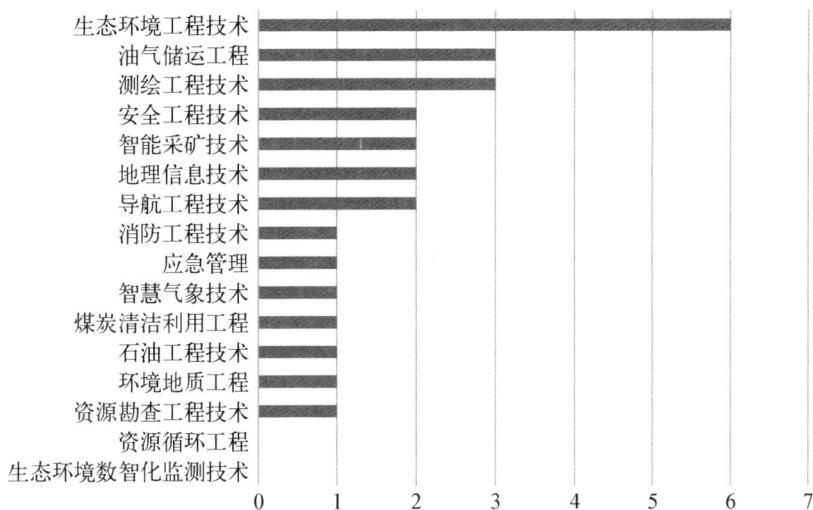

图 2‑9　资源环境与安全大类专业布点数

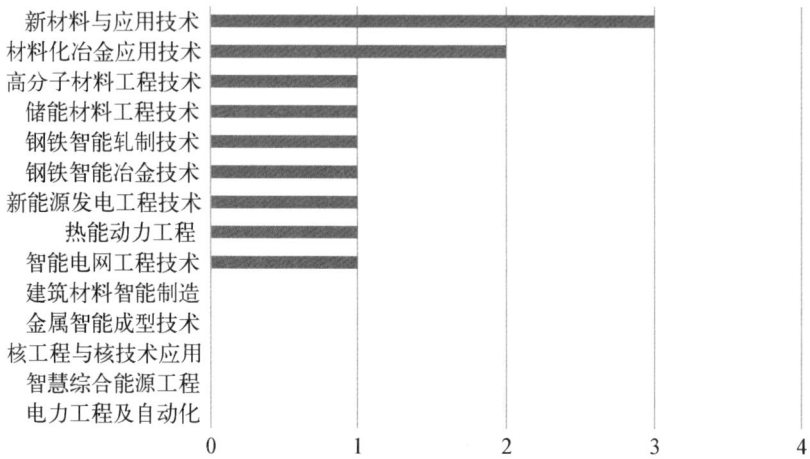

图 2‑10 能源动力与材料大类专业布点数

　　土木建筑领域涵盖 19 个专业。如图 2‑11 所示,在本科层次职业大学中,工程造价、建筑工程专业设置数量最多,均达到 15 个,建造工程专业数量达到 11 个,建筑设计、建设工程管理以及建筑装饰工程 3 个专业亦相对较多。然而,城市设计数字技术、城乡规划、城市设施智慧管理、房地产投资与策划以及现代

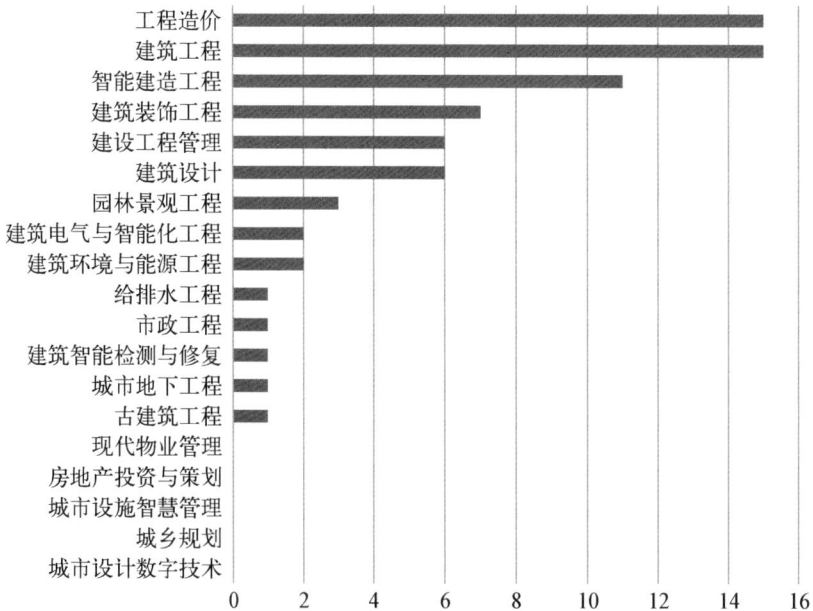

图 2‑11 土木建筑大类专业布点数(个)

物业管理5个专业尚未在本科层次职业大学中得到设置。

在水利大类,本科层次职业大学设置了生态水利工程、水利水电工程、智慧水利工程3个专业,但水文与水资源工程技术、农业水利工程、治河与港航工程、水利水电设备及自动化、水环境工程5个专业,尚未在本科层次职业大学中设立(见图2-12)。

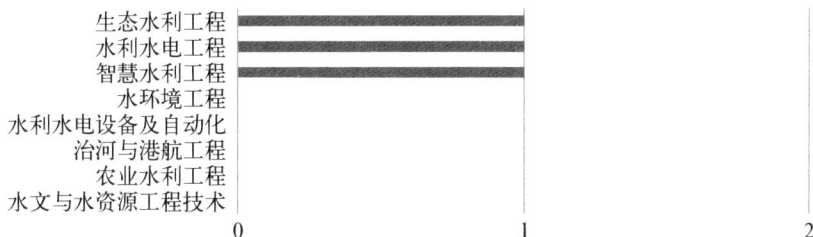

图2-12　水利大类专业布点数

装备制造大类包括30个专业。如图2-13所示,本科层次职业大学设立最多的3个专业是机械设计制造及自动化、智能制造工程技术和新能源汽车工程技术,数量分别达到23个、22个和19个。电气工程及自动化、机械电子工程技术、汽车工程技术、自动化技术与应用、机器人技术、智能网联汽车工程技术、材料成型及控制工程、装备智能化技术、智能控制技术等专业也设置较多。但是,尚未设置工业工程技术、制冷与空调工程、工业互联网工程、轨道交通车辆工程技术、轨道交通智能控制装备技术、船舶动力工程技术、船舶电气工程技术、航空复合材料智造工程技术、电动飞行器应用技术9个专业。

在生物与化工领域,如图2-14所示,设置最多的专业是应用化工技术专业,设置学校达到7所,其次是现代精细化工技术,合成生物技术、现代分析测试技术、化工智能制造工程技术3个专业设置频次不等,而生物检验检测技术、农业生物技术2个专业尚未有院校设置。

在轻工纺织大类,已设立的专业包括数字印刷工程、服装工程技术及化妆品工程技术。在这些专业中,数字印刷工程专业的设置数量相对较多,但也仅在2所学校中开设。而多数专业尚未设立,这些专业涵盖现代造纸工程技术、珠宝首饰工程技术、包装工程技术、现代纺织工程技术、数字化染整技术以及鞋类工程技术(见图2-15)。

机械设计制造及自动化
智能制造工程技术
新能源汽车工程技术
电气工程及自动化
机械电子工程技术
汽车工程技术
自动化技术与应用
机器人技术
智能网联汽车工程技术
材料成型及控制工程
装备智能化技术
智能控制技术
工业设计
现代测控工程技术
电梯工程技术
无人机系统应用技术
航空动力装置维修技术
飞行器维修工程技术
航空智能制造技术
船舶智能制造技术
数控技术
电动飞行器应用技术
航空复合材料智造工程技术
船舶电气工程技术
船舶动力工程技术
轨道交通智能控制装备技术
轨道交通车辆工程技术
工业互联网工程
制冷与空调工程
工业工程技术

0　　5　　10　　15　　20　　25

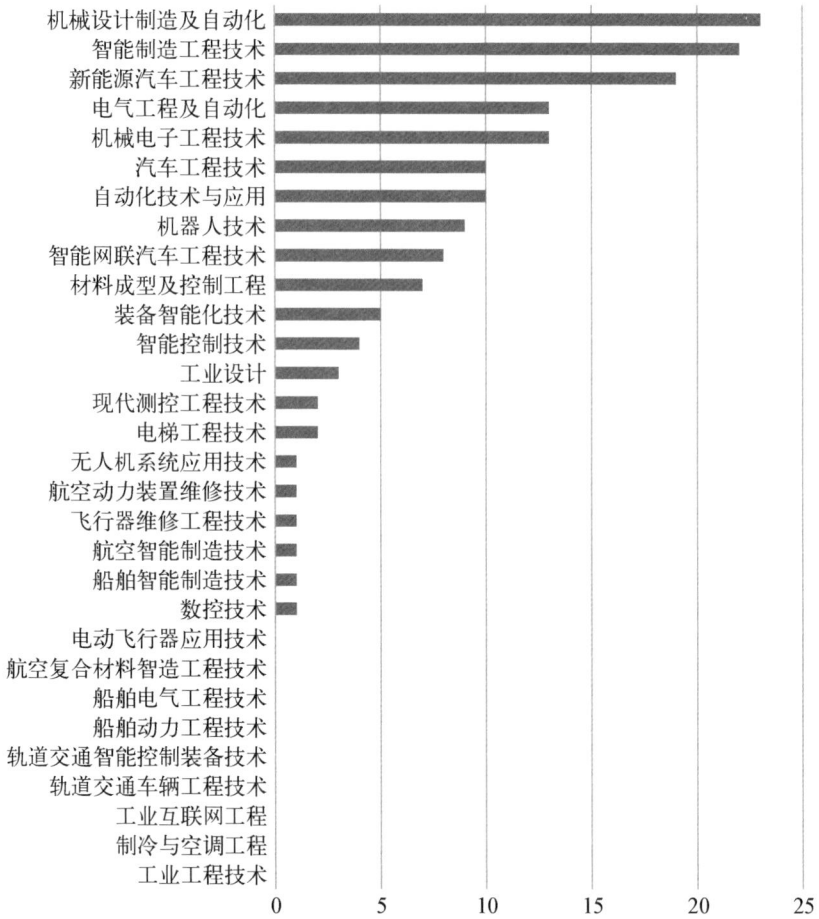

图 2-13　装备制造大类专业布点数

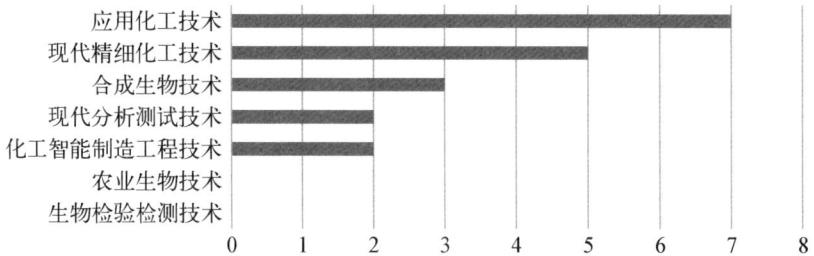

应用化工技术
现代精细化工技术
合成生物技术
现代分析测试技术
化工智能制造工程技术
农业生物技术
生物检验检测技术

0　　1　　2　　3　　4　　5　　6　　7　　8

图 2-14　生物与化工大类专业布点数

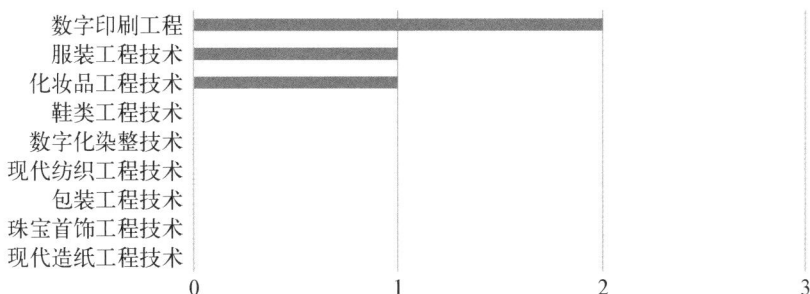

图 2-15　轻工纺织大类专业布点数

在食品药品与粮食大类中，如图 2-16 所示，本科层次职业大学设置最多的专业是制药工程技术，设置学校达到 6 所，相对较多的还有食品营养与健康、药品质量管理、食品工程技术、食品质量与安全。但是，生物制药技术、现代粮食工程技术 2 个专业尚未设置。

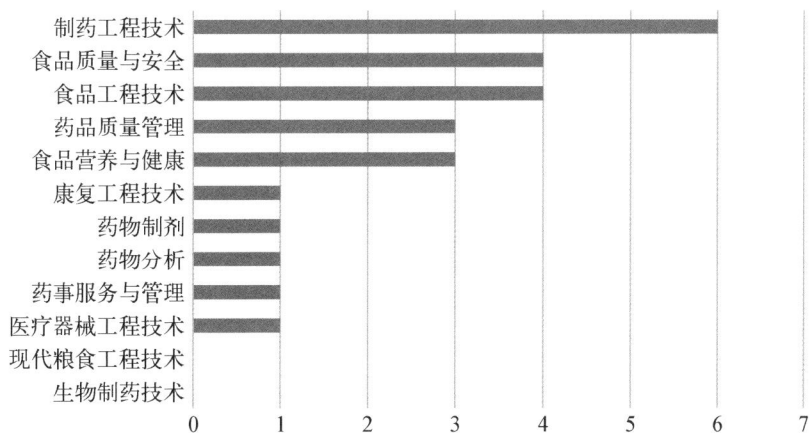

图 2-16　食品药品与粮食大类专业布点数

在交通运输大类，汽车服务工程技术专业设置学校最多，达到 19 所，其次是道路与桥梁工程，而大量的专业尚未设置，包括高速铁路工程、高速铁路信号控制技术、高速铁路运营管理、高速铁路通信技术、高速铁路智能供电技术、道路工程智能检测、港口智能工程技术、国际邮轮运营管理、航空机电设备维修技术、通用航空航务技术、邮政快递管理，共计 11 个，如图 2-17 所示。

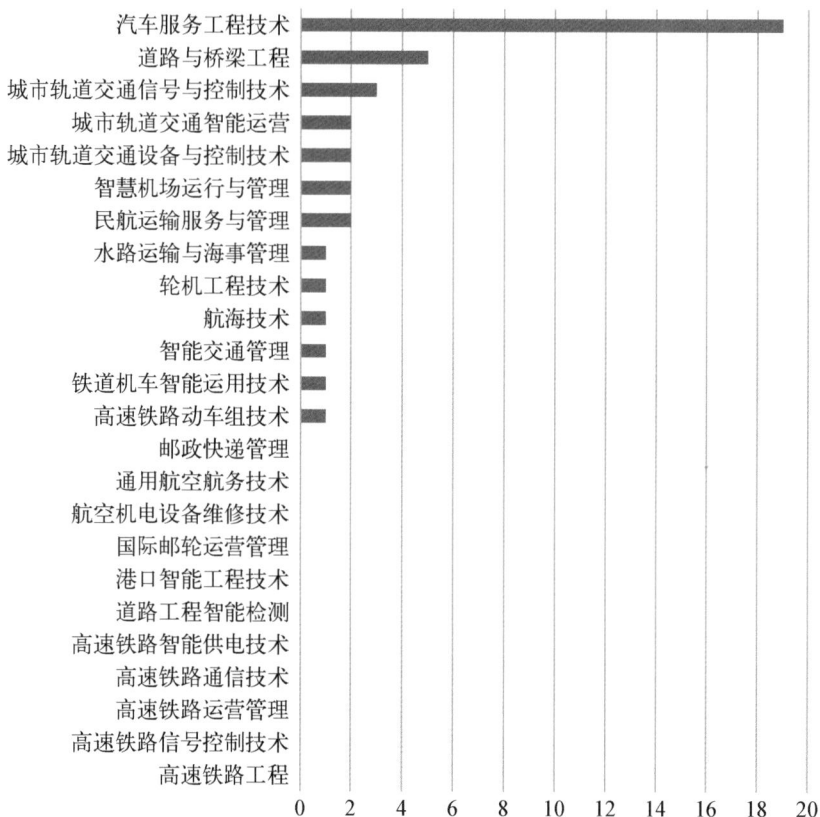

图 2-17 交通运输大类专业布点数

在电子与信息大类,如图 2-18 所示,物联网工程技术、软件工程技术、大数据工程技术、人工智能技术是本科层次职业大学设置最多的 4 个专业,设置学校分别达到 22 所、21 所、21 所、17 所,其次是集成电路工程技术、数字媒体技术、信息安全与管理、现代通信工程、电子信息工程技术、计算机应用工程、网络工程技术。但是,柔性电子技术、智能体工程技术、嵌入式技术、数据安全技术与管理、密码工程技术、卫星通信工程 6 个专业尚无学校设置。

在医药卫生领域,如图 2-19 所示,护理专业设置最为广泛,共有 9 所学校提供该专业,其次是康复治疗专业,有 6 所学校设置,婴幼儿发展与健康管理、中药学、药学这 3 个专业有 4 所院校开设。然而,医学生物技术、放射治疗技术、呼吸治疗技术、言语听觉治疗技术、职业卫生工程技术、职业病危害检测评价技术等专业目前尚未有学校设置。

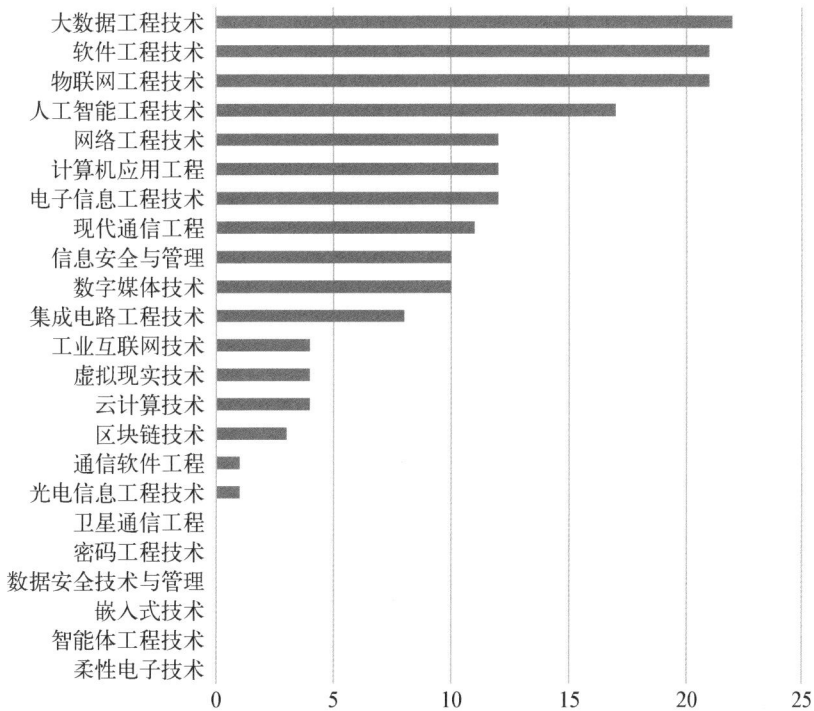

图 2 - 18　电子与信息大类专业布点数

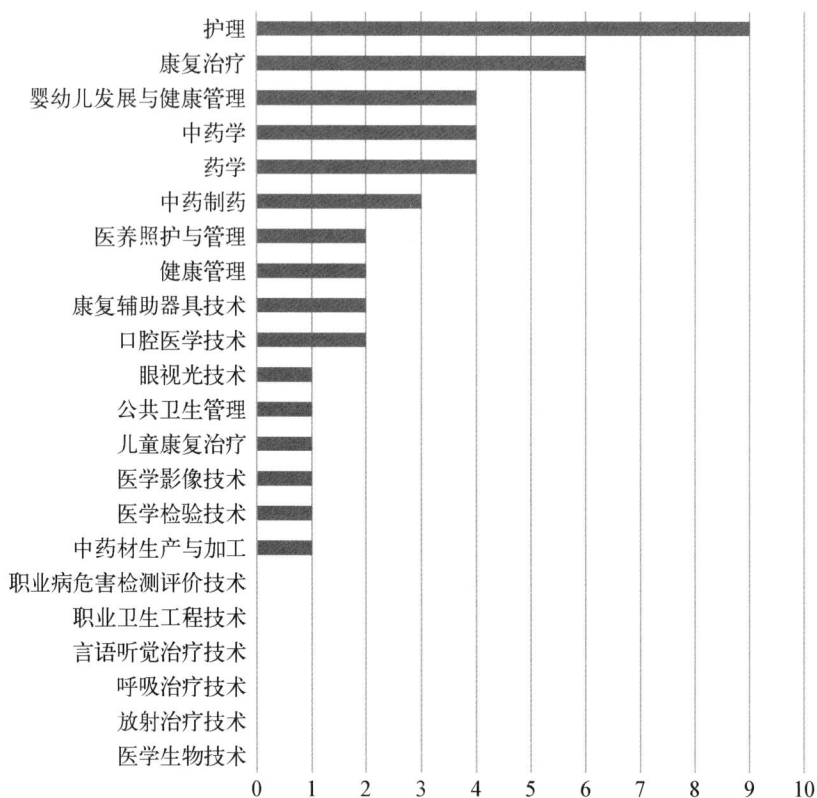

图 2 - 19　医药卫生大类专业布点数

　　财经商贸大类共包含 23 个专业。目前,如图 2 - 20 所示,现代物流管理、大数据与会计、电子商务 3 个专业的设置学校均达到 20 所左右,国际经济与贸易、企业数字化管理、大数据与财务管理 3 个专业的设置学校均达到 10 所及以上。除此之外,金融科技应用和市场营销两个专业也有较多学校设置。但是,政府采购管理、资产评估与管理、保险、信用管理、统计与大数据分析、国际商务、品牌策划与运营、商务数据分析与管理、供应链管理等 9 个专业尚未设置。

　　在旅游大类中,旅游管理专业的设置学校最多,达到 7 所,酒店管理有 4 所,但会展策划与管理、研学旅行策划与管理 2 个专业尚未设置(见图 2 - 21)。

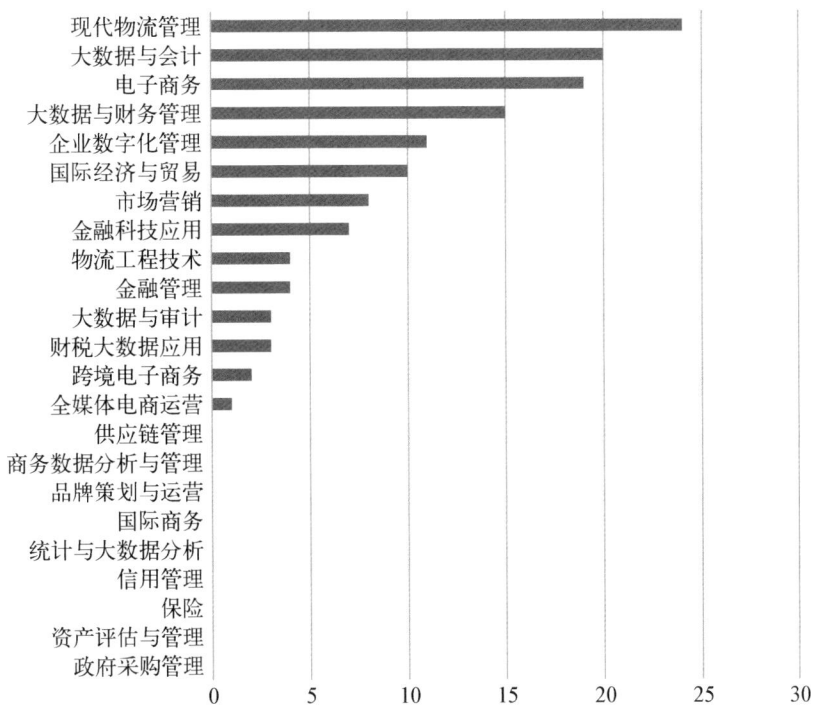

图 2‑20　财经商贸大类专业布点数

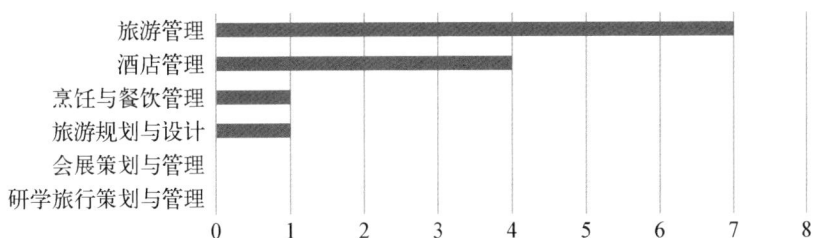

图 2‑21　旅游大类专业布点数

文化艺术大类包含 21 个专业。在该大类,如图 2‑22 所示,设置最多的专业是环境艺术设计,涉及 19 所学校,数字媒体艺术、视觉传达设计 2 个专业的设置学校分别有 14 所和 13 所。产品设计、服装与服饰设计、音乐表演、工艺美术、舞蹈表演与编导等专业的设置学校亦较多。当前,尚未设立的专业还有 8 个,即游戏创意设计、展示艺术设计、戏曲表演、舞台艺术设计、戏剧影视表演、文物修复与保护、公共文化管理、文化创意产业管理。

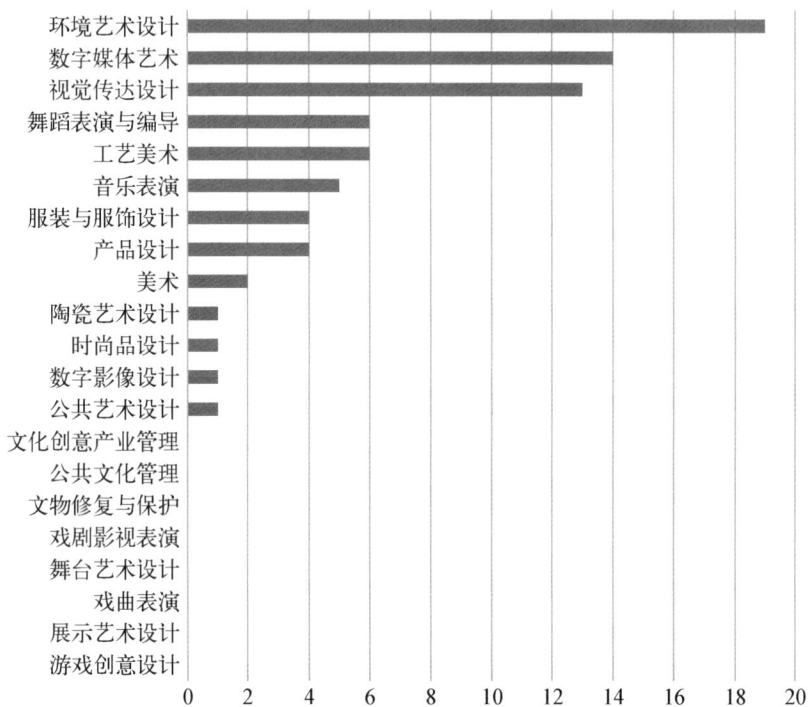

图 2‑22　文化艺术大类专业布点数

在新闻传播大类，如图 2‑23 所示，网络与新媒体专业的设置学校最多，目前已有 7 所，数字动画、全媒体新闻采编与制作等专业设置数量不一，但数字广播电视技术专业尚未设置。

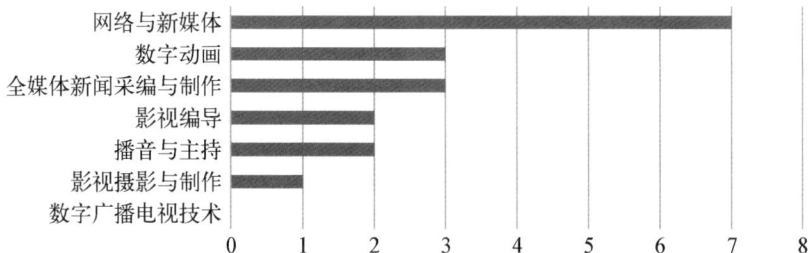

图 2‑23　新闻传播大类专业布点数

在教育与体育大类，学前教育和应用英语两个专业的设置学校最多，分别达到 13 所、11 所。中文国际教育、社会体育指导与管理、应用日语等专业也得到不同程度设置。但应用西班牙语、体能训练、电子竞技技术与管理3个专业尚未设置(见图2-24)。

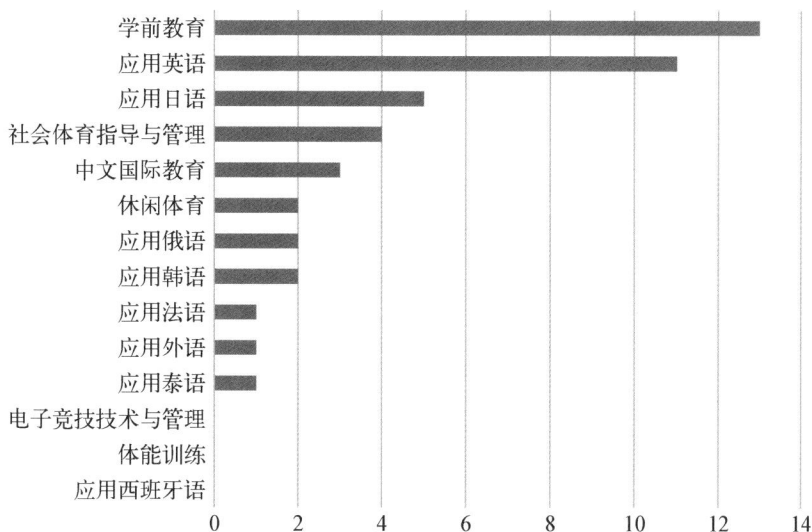

图2-24 教育与体育大类专业布点数

在公安与司法大类,除法律有两所学校设置外,其余专业均未设置,包括刑事科学技术、网络安全与执法、刑事侦查、刑事矫正与管理、司法警务管理、综合行政执法、智慧司法技术与应用、数字安防技术、国际安保服务与管理(见图2-25)。

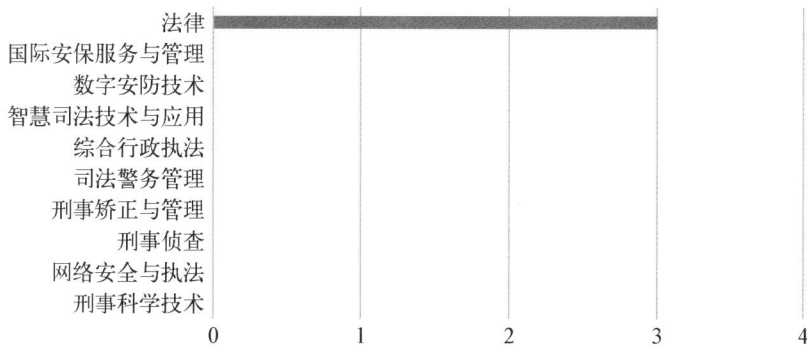

图2-25 公安与司法大类专业布点数

　　在公共管理与服务大类,如图2‑26所示,本科层次职业大学设置最多的是智慧健康养老管理和人力资源管理两个专业,分别达到4所、3所,而党务工作、智慧社区管理、慈善管理、民政管理、行政管理、标准化技术、现代文秘等7个专业尚未设置。

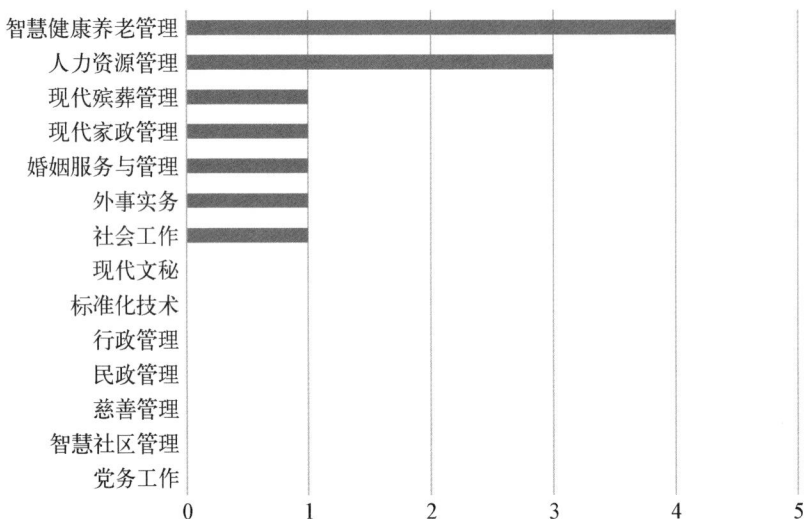

图2‑26　公共管理与服务大类专业布点数

(二) 本科专业布点的不平衡性

　　当前,各专业大类的专业布点存在明显的不平衡性。相对而言,电子信息、装备制造、财经商贸三大类专业布点占比最大,分别占专业布点总数的19.3%、17.4%、14.6%,而轻工纺织、水利、公安与司法三大类专业的布点比例都不足0.5%(见图2‑27)。这种差异性还体现在专业之间。在已设置的190个专业中,布点数排在前列的有现代物流管理、机械设计制造及自动化、大数据工程技术、智能制造工程技术、软件工程技术、物联网工程技术、大数据与会计、电子商务、环境艺术设计、汽车服务工程技术、新能源汽车工程技术。这些专业布点数在所有专业中的占比均在2%以上。而城市地下工程、储能材料工程技术、船舶智能制造技术等74个专业所占比例均为0.1%,即均仅有1所学校开设。

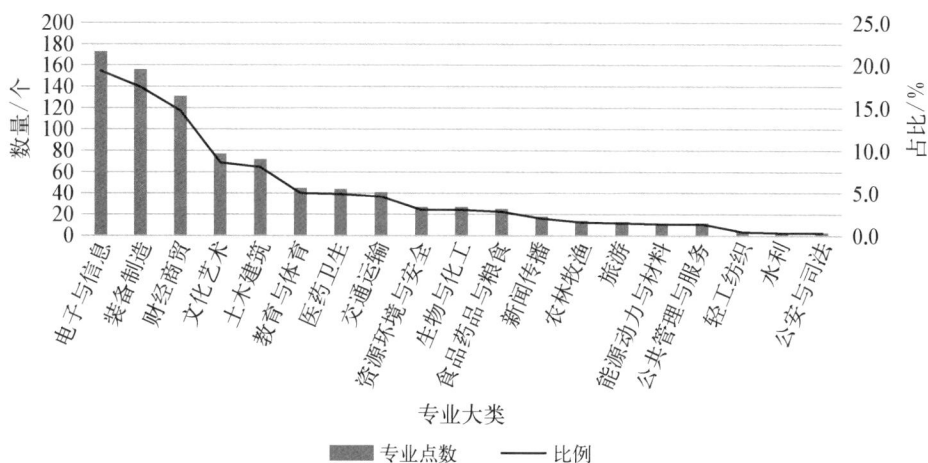

图 2 - 27　各大类的专业布点数及比例

从专业属性看,当前所设置专业超过半数为工程和技术类别(Engineering and Technology,ET)。从学科角度看,工程和技术属于工学类别,是当前新型工业化发展的硬核支撑。2024 年,专业名称中明确带有"工程"或"技术"的专业布点数共有 104 个,占全部专业布点数的 53.9%。在这些专业中,布点数最多的当属机械设计制造及自动化、大数据工程技术、智能制造工程技术、软件工程技术、物联网工程技术、汽车服务工程技术、新能源汽车工程技术、人工智能工程技术,绝大多数属于新工科专业。

与专业布点情况相一致,各专业大类的学生数量差异性依然清晰可见。如图 2 - 28 所示,2022 年,招生数和在校生数最多的是电子信息、财经商贸两大类,其中电子信息类招生人数为 16 152 人、在校生人数为 51 719 人,财经商贸类招生人数为 13 017 人,在校生人数为 45 506 人。其次分别是装备制造类、文化艺术类、土木建筑类、教育体育类、医药卫生类。而招生和在校生人数最少的三个专业大类是水利、公安与司法、农林牧渔。

绝大部分专业大类招生大幅增加。如图 2 - 28 所示,较上年,2022 年的食品药品与粮食类增幅最大,达到 950%,公安与司法、轻工纺织、生物与化工三大类的增幅处于 200%~300% 之间,旅游、装备制造、资源环境与安全、公共管理与服务、能源动力与材料、医药卫生六大类的增幅处于 100%~200% 之间,新闻传播、交通运输、文化艺术三大类的增幅处于 70%~80% 之间,电子信息、土木

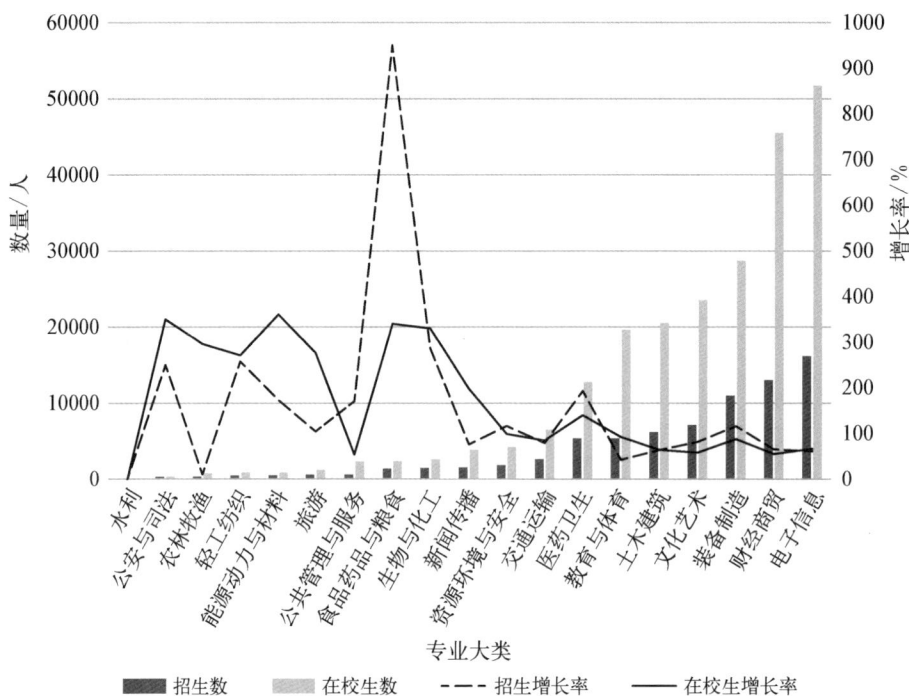

图 2‑28　2022 年专业大类的学生数及较上年增长率

建筑、财经商贸三大类的增幅处于 60%～70% 之间，教育与体育类增幅为 42%，增幅最小的是农林牧渔类，为 10%。由此看出，职业本科教育发展初期的规模扩张特征明显。

（三）专业的层次结构

专业的层次结构是指一所学校本科专业教育和专科专业教育的比例关系，它是学校办学重心在教育层次上的反映。从统计数据来看，新近（2023—2024 年）设立的本科层次职业大学的本科专业比例介于 8%～20% 之间，稍早（2019—2021 年）设立的比例介于 25%～100% 之间（见图 2‑29）。由此看出，随着时间推移，本科层次职业大学的办学重心逐渐由专科向本科转移。

公办大学专业的本科化步伐更快。当前，本科专业比例超过 30% 的大学已有 30 所，占本科层次职业大学的 58.8%，其中民办大学 21 所（占 70%），公办大学 9 所（占 30%）。公办大学数量之所以较少，主要是由于 2023 年和 2024 年新设立的大学受到条件制约，短期内能够开设的本科专业数量有限。除深圳职业

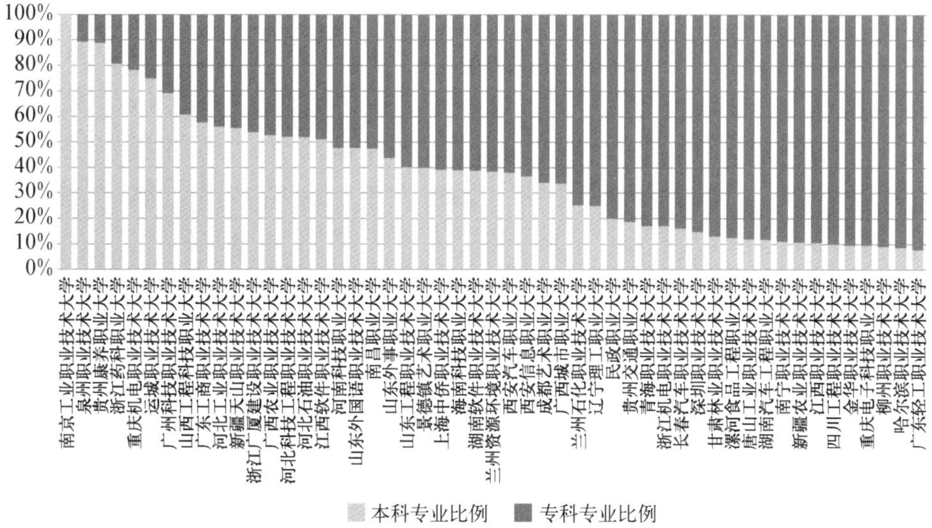

图 2-29　本科层次职业学校本科专业和专科专业的比例

技术大学外,其余 18 所学校的平均本科专业数量仅为 5.6 个。在这些民办大学中,本科专业平均比例为 53.1%,而公办大学的本科专业平均比例为 57.6%。由此看出,虽然公办大学相比民办大学具有后发性,但其发展本科专业的热情更胜一筹。

在本科化过程中,存在两种不同模式。一是扩本缩专模式。以南京工业职业技术大学为代表,该校于 2024 年已经完全实现专业设置的本科化。二是保本缩专模式。这类学校在保持本科专业数量大体不变的情况下,大幅压缩专科专业数量。例如,2024 年,贵阳康养职业大学专科专业数量从上年的 22 个削减至 2 个,浙江药科职业大学则从 16 个削减到 5 个,而这两所大学的本科专业数量几乎没有变化。广州科技职业技术大学专科专业数量从上年的 45 个减至 12 个,本科专业仅增加了 7 个。

三、讨　　论

(一) 专业设置的社会适应性有待提高

当前本科层次职业大学专业设置还存在社会适应性问题,表现在覆盖不全和过度设置两个方面。

覆盖不全。我国《职业教育专业目录》是根据国民经济社会发展对人才的需求而制定的、对本科层次职业大学开展专业建设、招生、人才培养和教育统计等工作具有指导作用的纲领性文件。经过 2024 年修订后,《职业教育专业目录》(本科)涵盖国家战略性新兴产业、现代服务业、产业链供应链、新型基础设施、数字产业、乡村振兴、国家治理等千行百业,在很大程度上反映了各行各业对高层次技术技能人才的真实需求。当前,已招生的 51 所本科层次职业大学开设专业共计 190 个,占《职业教育专业目录》(本科)专业总数的 63.8%,但仍有 108 个专业、17 个专业类尚未得到覆盖,即大量专业未得到设置。这些专业主要有两类。一类是社会需求明显萎缩的专业,如房地产投资与策划。调查显示,2023 年职业专科"房地产经营与管理"已属黄牌专业,即该专业的毕业生就业落实、薪资和就业满意度相对较低,且市场需求增长缓慢或有下降趋势。[①] 因此,本科层次职业大学对这类专业设置保持审慎态度。另一类是公安与司法大类专业,包括公安技术类、侦查类、法律执行类、司法技术类、安全防范类等专业。教育部对高职本科虽然暂未设置国家控制专业,[②]但是这些专业涉及国家、社会正义等重大事项,对开设学校的政治业务水平以及学校与政法系统的关系提出了很高要求,而新生的本科层次职业大学可能在这方面的积累和准备不足。

过度设置。职业本科教育具有鲜明的就业导向性,能够快速响应社会需求变化,这是其不同于普通本科教育的重要方面,也是其得以安身立命的根本。这就意味着本科层次职业大学要随时关注社会对人才的需求动态,并对专业做出相应调整。而一些大学对此敏感性不够。以学前教育专业为例。近年来生育率的下滑,导致能够上幼儿园的孩子数量骤减。从 2018 年开始,全面二孩政策效应减弱,当年出生人口为 1 523 万人,2019 年为 1 465 万人,2020 年为 1 200 万人,2021 年为 1 062 万人,2022 年为 956 万人,2023 年为 902 万人。适龄幼儿数量下滑对幼儿园产生了大幅度影响。数据显示,2022 年全国共有幼儿园 28.92 万所,比上年减少 5610 所,下降 1.90%,2023 年在园幼儿数量比上一年减少幅度达 11.55%,以此推算,接下来幼儿园招生将继续面临冲击,并由此影响学前教

① 麦可思研究院. 2024 年中国高职生就业报告[M]. 北京:社会科学文献出版社,2024:41.

② 教育部. 教育部职业教育与成人教育司负责人就《职业教育专业目录(2021 年)》答记者问[EB/OL].
(2021 - 03 - 22)[2025 - 04 - 26]. http://www.moe.gov.cn/jyb_xwfb/s271/202103/t20210322_521662.html.

育专业的人才培养规模。调查结果显示,"学前教育"已经成为 2024 年职业专科黄牌专业。而 2024 年仍有 25%的(13 所)本科层次职业大学在学前教育专业招生。与此类似的还有"应用英语"专业。该专业也是 2024 年职业专科黄牌专业,但仍有 11 所本科层次职业大学开设,占全部本科层次职业大学的占 21.6%。面对近年来人工智能(AI)技术的突飞猛进给外语类专业的冲击,一些普通本科大学的外语专业已在寻求转型发展。[①] 这对本科层次职业大学应用英语、学前教育专业建设应有所启发。

本科层次职业大学的核心任务在于培养更多符合国家重点产业领域需求的高层次技术技能人才,同时,还肩负着为区域特色产业培养高层次技术技能人才的重要使命。本科层次的职业大学在办学定位上具有显著的区域性特征,由此决定了这些大学应当紧密结合所在区域的经济社会发展和产业布局,有针对性地设置相关专业。特别是对于那些具有鲜明地方特色的经济产业,本科层次职业大学应当发挥其人才、知识和专业设置优势,为这些产业的高质量发展提供强有力的技术技能人才支持。例如,云南的高原种植业具有明显的地域特色,已形成多支规模产业。2024 年,茶叶产量约占全国总产量的 15.67%——稳居全国首位;花卉全产业链产值超过 1 400 亿元,鲜切花种植面积达 35 万亩、产量达 206 亿枝——均居全国首位;蔬菜(含食用菌)产量增至 3 094.14 万吨;水果产量已增至 1 486.64 万吨;咖啡种植面积达 126.7 万亩、产量达 14.6 万吨——均占全国的 98%以上。[②] 这些特色产业的壮大升级发展,有赖于数以万计高层次技术技能人才的支撑。未来云南省本科层次职业大学应当紧紧围绕高原种植产业发展需求,通过汇聚和培养专业技术技能人才服务推动特色农业(种植业)发展和升级。

本科层次职业大学应当大力建设科技服务性专业。发展科技服务业,是调结构、稳增长、促进科技与经济深度融合的重要举措,是实现科技创新引领产业升级、推动经济向中高端水平迈进不可或缺的重要一环。科技服务是运用现代科技知识、技术、分析研究方法,以及经验、信息等要素,提供智力服务的新兴高端服务业,主要包括研究开发及其服务、技术转移推广服务、检验检测认证服务、创业孵化服务、知识产权服务、科技咨询服务、科技金融服务、科学技术普及服

① 葛仁鑫. AI 时代,外语人才怎么"突围"?［EB/OL］.(2025 - 01 - 16)［2025 - 04 - 26］. https://baijiahao.baidu.com/s?id=1821364606170763335&wfr=spider&for=pc.
② 王家梅. 一文了解云南省高原特色种植业发展趋势及分布［EB/OL］.(2025 - 04 - 07)［2025 - 04 - 26］. https://www.thepaper.cn/newsDetail_forward_30566380.

务、综合科技服务等。目前，我国科技服务仍处于起步阶段，服务功能还远不能满足科技、经济发展需要。企业发展急需科技成果得不到满足，研究机构大量成果转化率不高，两者脱节阻碍创新驱动发展。所以，促进科技服务业发展，对培育战略性新兴产业、加快转变经济发展方式、提高自主创新能力和建设创新型国家有重要意义。[①] 本科层次职业大学应当围绕特定技术的转移推广、检验检测认证、知识产权及咨询、技术普及、维护保养等设立和建设专业。

（二）升格正影响职业专科教育的高质量发展

我国先后通过民办职业专科院校升格、独立学院与公办职业专科学院合并转设、公办职业专科学校升格三种方式，初步建立起本科层次职业大学体系。在第一阶段（2019—2020 年），通过民办职业专科院校升格方式，全国共设置了 22 所民办本科层次职业大学。在第二阶段（2021—2022 年），主要通过独立学院与公办职业专科院校合并转设，设立了 9 所公办本科层次职业大学；同时，还通过公办职业专科院校升格，增设了 1 所本科层次职业大学。至此，全国本科层次职业大学的总数已达到 32 所。在第三阶段（2023 年至今），本科层次职业大学产生方式再次转变为公办职业专科院校升格，通过该方式，2023 年新增公办本科层次职业大学 1 所，2024 年新增 18 所，其中 17 所为公办性质。2025 年 1 月，教育部批准设置北京科技职业大学、淄博职业技术大学、酒泉职业技术大学、新疆交通职业技术大学、乌鲁木齐职业大学 5 所本科层次职业大学，全部为公办性质。[②] 至此，教育部批准设置的本科层次职业大学达到 56 所[③]。

在三种方式中，由公办职业专科院校升格成为我国本科层次职业大学生成的主要路径，而且通过这种方式发展本科层次职业大学的步伐明显加快。据统计，当前由"双高计划"学校升格而来的本科层次职业大学有 24 所，占全部 56 所的 42.9%，占公办学校的 72.7%。升格优质公办职业专科院校，为本科层次职业大学的高质量起步建设提供了条件。启动于 2019 年的"双高计划"有助于补充

① 郭晓婷. 加快发展科技服务业 撬起创新驱动的杠杆[EB/OL].（2014 - 08 - 20）[2025 - 04 - 26]. https://www.gov.cn/xinwen/2014 - 08/20/content_2737719.htm.
② 中国青年报. 教育部公示 14 所新设大学，其中 5 所职业本科高校[EB/OL].（2025 - 01 - 13）[2025 - 04 - 26]. https://baijiahao.baidu.com/s?id=1821109298271943203&wfr=spider&for=pc.
③ 教育部. 全国普通高等学校名单[EB/OL].（2024 - 06 - 20）[2025 - 04 - 26]. http://www.moe.gov.cn/jyb_xxgk/s5743/s5744/202406/t20240621_1136990.html.

包括职业本科教育在内的高等职业教育投入方面的不足,对于推动高等职业教育迈向高质量发展阶段具有重要意义。

但是,不得不承认,通过升格公办职业专科院校来发展本科层次职业大学,对优质专科职业教育的稳定性发展和质量提高形成了一定的干扰。一方面,对于未升格学校而言,在升格政策开放的背景下,职业专科院校特别是顶尖职业专科院校,通常不会放弃学校升格的努力,甚至为了升格而全力以赴。然而,一旦进入自我营造的升格氛围中,这些学校很难再专注于专科层次职业教育的内涵式发展,甚至本末倒置,办好专科职业教育不再是学校改革发展的主要目标,而是异化为达到学校升格的手段,提升专科职业教育质量甚至被沦为口号。

另一方面,就已升格学校而言,大多在走一条"扩本缩专"之路,即在压缩专科专业招生的同时,不断增加本科专业招生,有的学校甚至已经停止专科招生,实现从完全高等职业大学(同时实施专科教育和本科教育)到专门职业本科大学的转变。在办学资源一定的前提下,本科层次职业大学专科招生人数减少,代表着优质职业专科教育规模萎缩。不仅如此,本科层次职业大学为了满足办学标准,将大量资源投入新建的本科专业,教师也不得不同时承担起专科和本科的教学工作任务。在资源约束条件下,这些被视为办学资源效用最大化的做法,实则稀释了原有的优质职业专科教育资源,对职业专科教育质量同样构成威胁。

总之,在"有条件就升格"的政策导向下,即便持续推行"双高计划",也难以扭转优质专科层次职业教育沦为学校迈向职业本科的"垫脚石"现状,这无疑对我国构建和维系优质职业专科教育体系构成威胁。然而,发展职业本科教育已成为支撑国家产业转型、完善现代职业教育体系以及满足人民对更高层次高等教育需求的必然之举。在经历了示范性职业专科院校与普通本科高校合作举办本科专业、"专升本"等多种形式后,职业专科院校升格已然成为推进职业本科教育的历史性选择。在此背景下,如何妥善处理本科教育与专科教育之间的关系,成为本科层次职业大学亟待解决的重大课题。

(三)完全高等职业技术大学:本科层次职业大学的应然定位

职业专科教育是我国高等职业教育体系的重要组成部分。首先,从产业角度来看,在我国产业体系门类完备、高中低技术兼备的背景下,即便产业持续升级,专科层次的技术技能人才依然能够胜任绝大多数产业岗位的工作。因此,职业专科教育的主体地位并不会因产业升级而受到根本性动摇。① 其次,在促进个体自由而全面发展的进程中,职业专科教育同样占据着不可忽视的地位。根据多元智力理论,每个人均拥有多种智能类型,但在不同智能领域中的优势可能会各有不同。例如,某些个体在逻辑—数学智能方面表现出色,而另一些在语言智能方面更为突出,还有些人则在肢体—动觉智能方面具有天赋。为了实现个体的自由而全面发展,教育应当为拥有不同特长的学生提供更适宜的发展机会。特别是对于那些在肢体—动觉智能方面有特殊才能但在逻辑—数学智能方面相对较弱的学生,职业专科教育相较于职业本科教育,无疑更符合他们的需求。再次,在当前及未来一段时期内,职业专科教育是我国职业教育的主体。《关于深化现代职业教育体系建设改革的意见》(2021)指出,高水平职业学校和专业建设应"以中等职业学校为基础,高职专科为主体,职业本科为牵引",职业专科教育在我国职业教育体系中的重要地位可见一斑。最后,即使在高等教育普及化的时期,也并不是所有人都愿意读大学、读本科,为学生提供能够满足不同时期不同需求的灵活高等教育,同样是保障人们受教育权的一部分。在此前提下,职业专科院校既是产业发展的需要,也是部分就业者的需求。

对于本科层次职业大学而言,举办职业专科教育为其构建"专本贯通"培养体系奠定了生源基础。《中华人民共和国职业教育法》(2022)规定:"国家建立健全适应经济社会发展需要……不同层次职业教育有效贯通……的现代职业教育体系。"在专本贯通培养层面,当前我国虽有"3+2""2+2"等专升本模式,但在升考环节存在学评不一致、培养环节存在职普不融通等问题,②甚至存在"学术漂移"现象,这些正在成为职业教育类型属性的威胁因素。本科层次职业大学发展专本贯通培养体系,则可以较大程度地避免跨校升学带来的尴尬境地,专科教育层次可以成为本科层次专本贯通优质生源"蓄水池"。一方面,学校的本科层次属性有助于带动其专科教育生源质量攀升。例如,在2024年浙江省单独考试中,金华职业技术大学专科招生生源质量显著提升。③ 另一方面,职业专科受教育经历使得学生具备职业本科学习所要求的技术技能基础,而这是普通高中生源学生所不具备的。

① 李胜,徐国庆.职业本科教育发展背景下职业专科教育定位研究[J].中国高教研究,2022(02):102-108.
② 李经纬,李建斌.普通高等学校专升本考试:现状、困局与对策[J].中国考试,2023(12):17-24.
③ 唐芳.金华职业技术大学2024年浙江省单独考试招生生源质量提升显著![EB/OL].(2024-07-06)[2025-4-26].https://baijiahao.baidu.com/s?id=1803844457537744438&wfr=spider&for=pc.

同时,本科层次职业大学举办职业专科教育、发展专本贯通教育亦有诸多优势。一是专业优势。经过专科时期和本科阶段的建设积累,本科层次职业大学逐步形成了一批课程体系完整、实践教学体系运行良好、产教融合和校企合作深入、社会适应性强的专业(群)。二是人才优势。一方面,通过升格,本科层次职业大学师资队伍的规模、学历、职称及"双师型"教师比例等得到优化,达到了《本科层次职业大学设置标准》,自然也超越了普通职业专科院校的水平。另一方面,本科层次职业大学能够吸引更多高中毕业生和中职毕业生报考,生源优势明显。三是文化优势。这些学校长期深耕职业教育领域,深谙职业教育基本规律,包括快速响应产业需求变化的敏感性、紧密的校企合作教育、"双师型"师资队伍、学生就业方向引导等等。

综上,本科层次职业大学举办专科教育、发展专本贯通教育,不仅是国家建立高质量职业教育体系的需要,而且对巩固职业教育类型属性、学校自身可持续发展都具有重要意义。因此,办好专科教育应成为本科层次职业大学的使命和担当,不应被弱化和边缘化,更不建议停办。为此,建议本科层次职业大学应当致力于建成"完全高等职业技术大学"。完全高等职业技术大学是指举办职业本科教育和职业专科教育于一身的高等职业院校,既不同于专门的职业专科院校,也不同于专门的职业本科大学。它具有以下基本特征:① 并重性。学校对专科教育和本科教育一视同仁,并将专科教育视为本科教育的基础。② 层次性。专科教育和本科教育的培养目标具有内在联系,但也呈现明显的层次差异性,本科教育具有相较于专科教育的高阶性。③ 贯通性。一体化设计专科教育和本科教育的课程体系,使得专科教育和本科教育之间有效衔接。④ 共享性。专科教育和本科教育共用师资、实训设施设备及校企合作资源,以实现教育资源效用最大化。

在已有院校基础上升格的特殊发展模式,使我国本科层次职业大学无论从宏观结构布局,还是微观专业设置,既承接了原有院校的发展基础,又面临着新使命与原基础之间不完全协调平衡的特殊困难。无论如何,只有处理好新与旧、专科与本科、职业大学与普通院校等关键核心问题,我国本科层次职业大学才算探索出自己的发展道路。

(执笔人：余天佐)

第三章
本科层次职业大学的办学条件与过程

    2022 年新修订的《中华人民共和国职业教育法》首次以法律形式确立了职业教育与普通教育在我国教育体系中具有同等重要的地位。职业本科教育作为职业教育发展的崭新阶段,其人才培养质量不仅关乎本科层次职业大学自身的发展,还关系到职业教育在国家教育体系中的地位,更与国家产业升级以及经济增长紧密相连。然而相较于成熟的普通本科教育和中等及高等专科职业教育,处于探索阶段的本科层次职业大学在办学条件适配性上面临特殊挑战。本章分析和报告了本科层次职业大学的师资规模、学生层次以及办学资源等现状,并在此基础上提出了进一步优化的行动策略。需要说明的是,本章有关本科层次职业大学的微观数据主要来源于 51 所本科层次职业大学的 2023 年质量年度报告或 2023—2024 学年本科教学质量报告,宏观数据主要来源于教育部教育统计数据[①]或教育部全国教育事业发展统计公报[②],相关数据如有缺失或其他特殊情况均以脚注形式进行说明。

一、本科层次职业大学的师资规模

(一)专任教师数

    2021 年以来,相比于普通本科高校专任教师人数相对稳定的发展态势,本科

[①] 教育部. 2023 年教育统计数据[EB/OL]. (2024 - 12 - 25)[2025 - 04 - 30]. http://www.moe.gov.cn/jyb_sjzl/moe_560/2023/.

[②] 教育部. 2023 年全国教育事业发展统计公报[EB/OL]. (2024 - 10 - 24)[2025 - 04 - 30]. http://www.moe.gov.cn/jyb_sjzl/sjzl_fztjgb/202410/t20241024_1159002.html.

层次职业大学在快速增加的同时,其专任教师人数也在迅速增长(详见表3-1)。从总量上讲,本科层次职业大学专任教师整体规模较小,只有普通本科高校专任教师人数的2%左右。

表 3-1　本科层次职业大学与普通本科高校的
专任教师人数(2021—2023 年)

单位:人

类　型	年　份		
	2021 年①	2022 年②	2023 年③
职业本科	25 743	27 903	30 949
普通本科	1 272 996	1 318 556	1 347 414

　　在上述本科层次职业大学 2023—2024 学年的本科教学质量报告中,公布专任教师学历层次的共计 33 所④。其中,具有研究生学位(硕士和博士)的专任教师共计 21 294 人⑤,占各相关院校专任教师总人数的 68.8%。

(二)生师比

　　生师比反映大学的基本办学条件,因此教育部在《本科层次职业教育专业设置管理办法(试行)》中明确规定,设置本科层次职业教育专业须有完成专业人才

---

① 教育部.各级各类学校校数、教职工、专任教师情况[EB/OL].(2022-12-30)[2025-04-30].http://www.moe.gov.cn/jyb_sjzl/moe_560/2021/quanguo/202301/t20230104_1038068.html.
② 教育部.各级各类学校校数、教职工、专任教师情况[EB/OL].(2023-12-29)[2025-04-30].http://www.moe.gov.cn/jyb_sjzl/moe_560/2022/quanguo/202401/t20240110_1099540.html.
③ 教育部.各级各类学校校数、教职工、专任教师情况[EB/OL].(2024-12-25)[2025-04-30].http://www.moe.gov.cn/jyb_sjzl/moe_560/2023/quanguo/202501/t20250120_1176411.html.
④ 数据来源:成都艺术职业大学、广东工商职业技术大学、广西城市职业大学、广西农业职业技术大学、广州科技职业技术大学、贵阳康养职业大学、海南科技职业大学、河北工业职业技术大学、河北科技工程职业技术大学、河北石油职业技术大学、河南科技职业大学、湖南软件职业技术大学、江西软件职业技术大学、兰州石化职业技术大学、兰州资源环境职业技术大学、辽宁理工职业大学、南昌职业大学、南京工业职业技术大学、泉州职业技术大学、山东工程职业技术大学、山东外国语职业技术大学、山东外事职业大学、山西工程科技职业大学、深圳职业技术大学、西安汽车职业大学、新疆天山职业技术大学、运城职业技术大学、重庆机电职业技术大学、民政职业大学、哈尔滨职业技术大学、漯河食品工程职业大学、重庆电子科技职业大学、景德镇艺术职业大学等 33 所高校的 2023—2024 学年本科教学质量报告。因未找到湖南软件职业技术大学、泉州职业技术大学、西安汽车职业大学 3 所最新数据,故采用往年数据代替,若无特殊说明,下同。
⑤ 数据说明:由于河北工业职业技术大学、南昌职业大学在本科教学质量报告中仅公布了专任教师中具有博士学位的专任教师人数,可能存在误差,数据仅供参考。

培养所必需的教师队伍，全校生师比不低于 18∶1；所依托专业全日制在校生人数与专任教师之比不低于 20∶1。根据各大学所提供的相关数据来看，2021、2022 年时本科层次职业大学的生师比尚不完全符合上述要求，但 2023 年有明显好转，整体上已达到基本标准（详见表 3 - 2）。

表 3 - 2　本科层次职业大学与普通本科高校的生师比（2021—2023 年）

类　型	年　份		
	2021 年①	2022 年②	2023 年③
职业本科	19.38∶1	18.31∶1	17.57∶1
普通本科	17.90∶1	17.65∶1	17.51∶1

相比普通本科院校生师比处于相对稳定并缓慢下降的趋势，本科层次职业大学的这一数字呈现更快的下降趋势，但伴随其与普通本科院校在这一数值上的接近，预计未来本科层次职业大学的这一数字也会趋于稳定（详见图 3 - 1）。

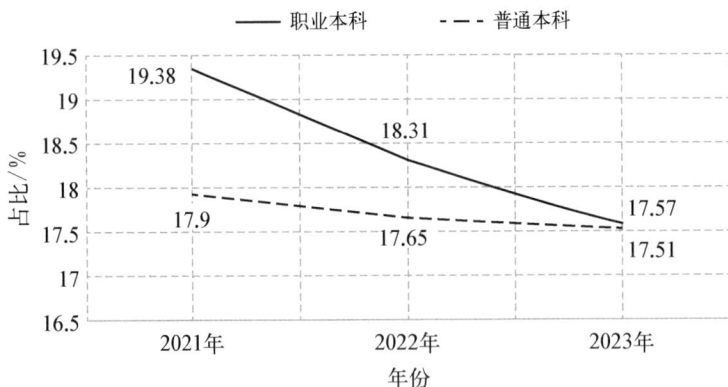

图 3 - 1　本科层次职业大学与普通本科高校的生师比的发展趋势

① 教育部.2021 年全国教育事业发展统计公报[EB/OL].(2022 - 09 - 14)[2025 - 04 - 30].http://www.moe.gov.cn/jyb_sjzl/sjzl_fztjgb/202209/t20220914_660850.html.
② 教育部.2022 年全国教育事业发展统计公报[EB/OL].(2023 - 07 - 05)[2025 - 04 - 30].http://www.moe.gov.cn/jyb_sjzl/sjzl_fztjgb/202307/t20230705_1067278.html.
③ 教育部.2023 年全国教育事业发展统计公报[EB/OL].(2024 - 10 - 24)[2025 - 04 - 30].http://www.moe.gov.cn/jyb_sjzl/sjzl_fztjgb/202410/t20241024_1159002.html.

（三）行业导师和"双师型"教师数

行业导师是本科层次职业大学教师队伍建设的另一重要群体。根据各大学的报告，截至 2025 年 3 月，全国 51 所本科层次职业大学所聘行业导师总数超过 10 000 人，行业导师在我国本科层次职业大学已小有规模。但各大学所拥有的行业导师人数差别较大，人数在数十人到数百人之间（详见表 3-3），聘请行业导师最多的三所大学所拥有的数量占到总数的 15%；约 70% 的高校拥有的行业导师人数集中在 30～300 区间，半数左右大学的行业导师少于 200 人。

表 3-3　本科层次职业大学拥有行业导师数量组别表[①]

	导师数量（人）					
	600～699	400～499	300～399	200～299	100～199	0～99
大学数（所）	1	5	3	18	8	16
大学比例（%）	1.9	9.8	5.8	35.3	15.6	31.3

根据《本科层次职业教育专业设置管理办法（试行）》，设置本科层次职业教育专业须有完成专业人才培养所必需的教师队伍，其中在本专业的专任教师中，"双师型"教师占比不低于 50%。根据 26 所[②]公布了拥有"双师型"教师的各大

---

① 数据来源：成都艺术职业大学、广东工商职业技术大学、广西城市职业大学、广西农业职业技术大学、广州科技职业技术大学、贵阳康养职业大学、海南科技职业大学、河北工业职业技术大学、河北科技工程职业技术大学、河北石油职业技术大学、河南科技职业大学、湖南软件职业技术大学、江西软件职业技术大学、兰州石化职业技术大学、兰州资源环境职业技术大学、辽宁理工职业大学、南昌职业大学、南京工业职业技术大学、泉州职业技术大学、山东工程职业技术大学、山东外国语职业技术大学、山东外事职业大学、山西工程科技职业大学、上海中侨职业技术大学、深圳职业技术大学、西安汽车职业大学、西安信息职业大学、新疆天山职业技术大学、运城职业技术大学、浙江广厦建设职业技术大学、浙江药科职业大学、重庆机电职业技术大学、民政职业大学、唐山工业职业技术大学、长春汽车职业技术大学、哈尔滨职业技术大学、金华职业技术大学、浙江机电职业技术大学、江西职业技术大学、漯河食品工程职业大学、广东轻工职业技术大学、南宁职业技术大学、柳州职业技术大学、重庆电子科技职业大学、四川工程职业技术大学、贵州交通职业大学、甘肃林业职业技术大学、青海职业技术大学、新疆农业职业技术大学、景德镇艺术职业大学、湖南汽车工程职业大学等 51 所本科层次职业大学 2023 年质量年度报告。

② 数据来源：成都艺术职业大学、广东工商职业技术大学、广西城市职业大学、广西农业职业技术大学、广州科技职业技术大学、贵阳康养职业大学、海南科技职业大学、河北科技工程职业技术大学、河南科技职业大学、湖南软件职业技术大学、兰州石化职业技术大学、辽宁理工职业大学、南京工业职业技术大学、泉州职业技术大学、山东工程职业技术大学、山东外国语职业技术大学、山东外事职业大学、山西工程科技职业大学、深圳职业技术大学、西安汽车职业大学、运城职业技术大学、重庆机电职业技术大学、民政职业大学、哈尔滨职业技术大学、漯河食品工程职业大学、重庆电子科技职业大学等 26 所高校的 2023—2024 学年本科教学质量报告。

学的相关统计,当前我国本科层次职业大学拥有"双师型"教师 15000 多人,平均每校 600 人,占职业本科大学专任教师总数的 62.1%。但各大学所拥有的"双师型"教师人数差别较大,人数在数十人到上千人之间(见表 3-4)。

表 3-4　本科层次职业大学的"双师型"教师人数

大　学	"双师型"教师数量(人)		
	1 000~1 499	500~999	0~499
数量(所)	3	12	11
比例(%)	11.5	46.2	42.3

二、本科层次职业大学的学生及其类型层次

2023 年,全国职业教育本科层次招生人数为 89 899 人,较上年增长 17.8%,占全国高等职业教育招生人数的 1.6%,较上一年度的 1.4% 也略有增长。但与 2021 年中共中央、国务院发布的《关于推动现代职业教育高质量发展的意见》中提出的本科层次职业教育招生规模不低于高等职业教育招生规模 10% 的目标差距还比较大。

从表 3-5 中可以看出,不论是普通高中毕业生还是职业高中毕业生,80% 的高中阶段学生毕业后可以升入大学,但由于普通本科招生人数占到高等教育阶段招生人数的比例不足一半,而普通高中生占高中阶段毕业生总数的 60% 以上,意味着高等职业教育体系中招收了很大一批普通高中毕业生。

除此之外,当前我国本科层次职业教育中还有其他来源背景的学生,比如专升本学生,2023 年的这一数据为 4.67 万人;还有中等职业学校毕业生等。比如南京工业职业技术大学 2024 年共计招生 6 740 人,包括在普高本科批次录取 3 794 人(其中省外 986 人、省内 2 808 人)、中职高考本科批次录取 674 人、"专转本"批次共计录取 2 272 人[①];贵阳康养职业大学 2024 年共计录取 2 197 人,包括

---

① 南京工业职业技术大学.南京工业职业技术大学 2023—2024 学年本科教学质量报告[EB/OL].(2025-02-27)[2025-05-11].http://www.huaue.com/unews2025/2025227120825.htm.

表 3 - 5　中等职业教育毕业与高等职业教育招生人数(2021 - 2023 年)

年　份	中等职业教育毕业生数	普通高中毕业生数	高中阶段毕业生总数	普通高中毕业生比例(%)	普通本科招生数
2021 年①	4 889 890	7 802 267	**12 692 157**	**61.5**	4 445 969
2022 年②	4 847 810	8 241 028	**12 692 159**	**63.0**	4 679 358
2023 年③	4 540 352	8 604 097	**12 692 161**	**65.5**	4 781 609

年　份	本科层次职业大学招生数	职业专科高校招生数	高等教育招生总数	普通本科招生比例(%)	高等教育招生数占高中阶段毕业生人数的比例(%)
2021 年	41 381	5 525 801	**10 013 151**	**44.4**	78.9
2022 年	76 302	5 389 761	**10 145 421**	**46.1**	79.9
2023 年	89 899	5 550 698	**10 422 206**	**45.9**	82.1

四年制 925 人(其中省外 160 人、省内 765 人)、二年制专升本 1 272 人④。上述数据显示本科层次职业大学较普通本科院校的学生来源更为复杂,这在很大程度上为本科层次职业大学的教育教学带来更多现实困难,本科层次职业大学的教育教学改革比普通本科院校更迫切必要。另外,与普通本科院校相比,本科层次职业大学的省外生源比例普遍不高,基本在 20% 以下,意味着本科层次职业大学办学地域性较普通本科院校明显。

2022 年,全国本科层次职业大学迎来首届毕业生,共计 9 229 人。2023 年,全国职业本科毕业生增加至 39 924 人。截至 2025 年 3 月,在所有 22 所⑤公布了

① 教育部.各级各类学历教育学生情况[EB/OL].(2022 - 12 - 30)[2025 - 04 - 30].http://www.moe.gov.cn/jyb_sjzl/moe_560/2021/quanguo/202301/t20230104_1038067.html.

② 教育部.各级各类学历教育学生情况[EB/OL].(2023 - 12 - 29)[2025 - 04 - 30].http://www.moe.gov.cn/jyb_sjzl/moe_560/2022/quanguo/202401/t20240110_1099539.html.

③ 教育部.各级各类学历教育学生情况[EB/OL].(2024 - 12 - 25)[2025 - 04 - 30].http://www.moe.gov.cn/jyb_sjzl/moe_560/2023/quanguo/202501/t20250120_1176410.html.

④ 贵阳康养职业大学.贵阳康养职业大学 2023—2024 学年本科教学质量报告[EB/OL].(2025 - 02 - 17)[2025 - 05 - 11].http://www.huaue.com/unews2025/202521785942.htm.

⑤ 数据来源:山西工程科技职业大学、运城职业技术大学、辽宁理工职业大学、上海中侨职业技术大学、南京工业职业技术大学、泉州职业技术大学、南昌职业大学、景德镇艺术职业大学、山东工程职业大学、山东外国语职业大学、山东外事职业大学、河南科技职业大学、广州科技职业技术大学、广东工商职业技术大学、广西农业职业技术大学、广西城市职业大学、海南科技职业大学、重庆机电职业技术大学、成都艺术职业大学、西安汽车职业大学、兰州石化职业技术大学、新疆天山职业技术大学等 22 所高校的 2023—2024 学年本科教学质量报告。

本科毕业生就业去向落实率的本科层次职业大学中，毕业生的平均就业落实率为86.5％。在普通本科毕业生群体中，"双一流"院校毕业去向落实率为91.1％，地方本科院校为85.0％[①]，本科层次职业大学毕业生就业去向落实率平均值较"双一流"院校低4.6％，较地方本科院校高1.5％。

三、本科层次职业大学的教学资源

（一）教材建设

相较于普通本科院校，本科层次职业大学的专业设置和人才培养目标与经济社会发展之间的联系更密切，这也使得职业本科教育中的专业设置及课程教学更显校本特色，自编教材也就较普通高等院校具有更迫切的实际需求。截至2024年底，全国51所本科层次职业大学中，自编教材总计3 786本[②]，校均74.2本，校企合作开发教材总计187本，占比4.9％。从数量上看，90％本科层次职业大学的自编教材数量集中在0～200本区间，其中，大多数大学（38所，74.5％）的自编教材数量在100本以下，但亦有1所大学的自编教材数量超过500本（分布情况详见图3-2）。自编教材数量最多的是金华职业技术大学、江西职业技术大学、深圳职业技术大学，这三所大学所拥有的自编教材数量占到了总数的28％。

校企合作教材情况是本科层次职业大学人才培养合作深度的重要体现，因此在各大学的自编教材中，还有数量可观的校企合作教材。根据各大学的自我报告，整体上看，绝大多数（88％）高校的校企合作教材数量集中在0～100本区间。其中，50本以下的高校最多（38所，占比74.5％）；校企合作教材数量处于

---

①　麦可思研究院. 2023年中国本科生就业报告[M]. 北京：社会科学文献出版社，2023.

②　数据来源：成都艺术职业大学、广东工商职业技术大学、广西城市职业大学、广西农业职业技术大学、广州科技职业技术大学、贵阳康养职业大学、海南科技职业大学、河北工业职业技术大学、河北科技工程职业技术大学、河北石油职业技术大学、河南科技职业大学、湖南软件职业技术大学、江西软件职业技术大学、兰州石化职业技术大学、兰州资源环境职业技术大学、辽宁理工职业大学、南昌职业大学、南京工业职业技术大学、泉州职业技术大学、山东工程职业技术大学、山东外国语职业技术大学、山东外事职业大学、山西工程科技职业大学、上海中侨职业技术大学、深圳职业技术大学、西安汽车职业大学、西安信息职业大学、新疆天山职业技术大学、运城职业技术大学、浙江广厦建设职业技术大学、浙江药科职业大学、重庆机电职业技术大学、民政职业大学、唐山工业职业技术大学、长春汽车职业技术大学、哈尔滨职业技术大学、金华职业技术大学、浙江机电职业技术大学、江西职业技术大学、漯河食品工程职业大学、广东轻工职业技术大学、南宁职业技术大学、柳州职业技术大学、重庆电子科技职业大学、四川工程职业技术大学、贵州交通职业大学、甘肃林业职业技术大学、青海职业技术大学、新疆农业职业技术大学、景德镇艺术职业大学、湖南汽车工程职业大学等51所本科层次职业大学2023年质量年度报告。

150 至 200 本区间的高校有 3 所，占比 5.9%；校企合作教材数量位于 250 至 300 本的高校有 1 所，占比 2.0%（详见图 3-3）。

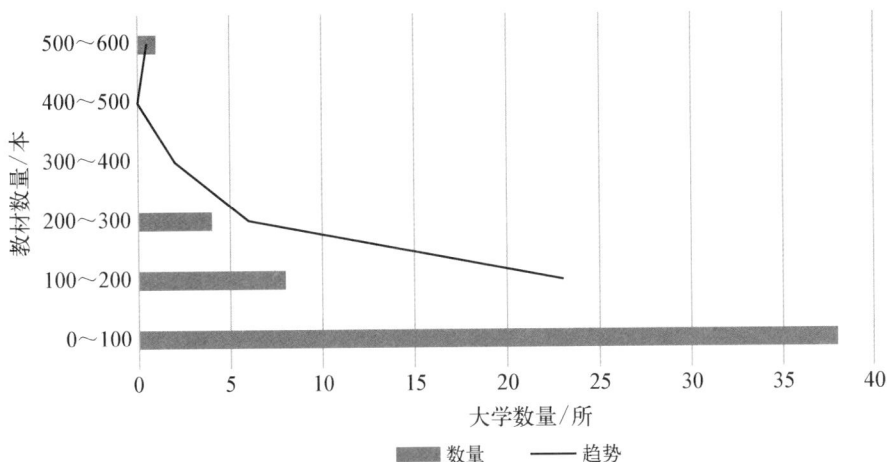

图 3-2 本科层次职业大学的自编教材数量分布情况

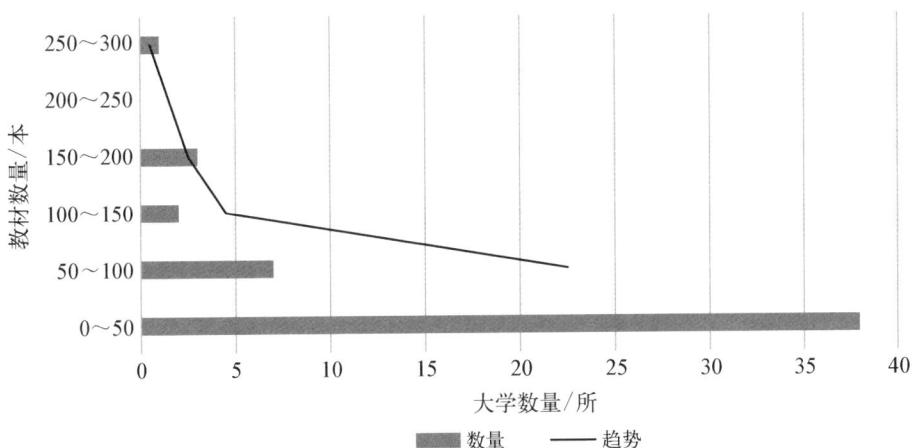

图 3-3 本科层次职业大学的校企合作教材数量分布情况

（二）实训基地

相较普通高等院校来说，职业类高校与产业之间的连接更为密切，因此各种类型的实训基地对本科层次职业大学是必要的教学基础设施。现代虚拟仿真技术在弥补不能进行现场教学方面具有很好的替代作用；同时，大学的实训基地如

　　果能够得到企业的支持,既有助于大学的人才培养紧跟企业技术产品的更新步伐,也有助于大学从教学科研的角度对产业技术更新和产品提质升级提供支撑服务。因此,这里以虚拟仿真基地和与企业共建开放型区域产教融合实践基地为代表,考察当前我国本科层次职业大学的实训基地配备情况。

　　截至 2024 年底,在全国 50 所本科层次职业大学中,虚拟仿真实训基地总计250 个①,校均 4.9 个,约 80% 的高校集中在 0～10 个之间,超过一半(53.2%)的虚拟仿真实训基地集中在排名前 10 所的大学(详见图 3-4);与企业共建开放型区域产教融合实践中心共计 644 个,校均 12.6 个,约 84% 的高校数据集中在 0～20个之间,排名前 10 名的本科层次职业大学占总量的 80.1%(详见图 3-5)。意味着无论是虚拟仿真实训基地,还是校企共建开放型区域产教融合实践中心,在各本科层次职业大学中的分布很不均衡。

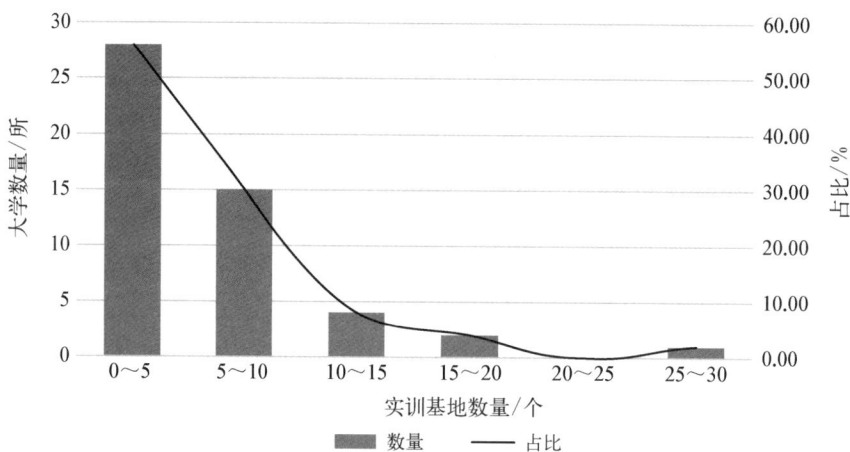

图 3-4　本科层次职业大学的虚拟仿真实训基地分布情况

---

① 数据来源:成都艺术职业大学、广东工商职业技术大学、广西城市职业大学、广西农业职业技术大学、广州科技职业技术大学、贵阳康养职业大学、海南科技职业大学、河北工业职业技术大学、河北科技工程职业技术大学、河北石油职业技术大学、河南科技职业大学、湖南软件职业技术大学、江西软件职业技术大学、兰州石化职业技术大学、兰州资源环境职业技术大学、辽宁理工职业大学、南昌职业大学、南京工业职业技术大学、泉州职业技术大学、山东工程职业技术大学、山东外国语职业技术大学、山东外事职业大学、山西工程科技职业大学、上海中侨职业技术大学、深圳职业技术大学、西安汽车职业大学、西安信息职业大学、新疆天山职业技术大学、运城职业技术大学、浙江广厦建设职业技术大学、浙江药科职业大学、重庆机电职业技术大学、民政职业大学、唐山工业职业技术大学、长春汽车职业技术大学、哈尔滨职业技术大学、浙江机电职业技术大学、江西职业大学、漯河食品工程职业大学、广东轻工职业技术大学、南宁职业技术大学、柳州职业技术大学、重庆电子科技职业大学、四川工程职业技术大学、贵州交通职业大学、甘肃林业职业技术大学、青海职业技术大学、新疆农业职业技术大学、景德镇艺术职业大学、湖南汽车工程职业大学等 50 所本科层次职业大学 2023 年质量年度报告。

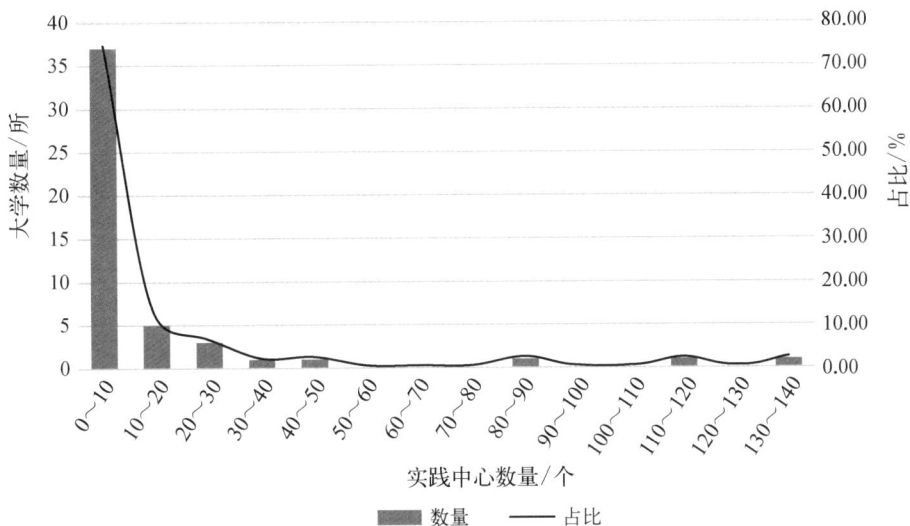

图 3‑5 校企共建开放型区域产教融合实践中心数量分布情况

(三) 标准开发

在全国 51 所本科层次职业大学中,开发并被国外采用的职业教育标准数量总计 819 个,其中,专业标准 109 个,课程标准 710 个。共有 24 所本科层次职业大学报告了制定专业标准的数据①,其中南京工业职业技术大学报告的数量占到了所有大学报告数量的四分之一(26%),超过一半(52.3%)的专业标准集中在 5 所大学。有 22 所大学报告了制定课程标准的相关数据②,其中来自南京工

---

① 数据来源:南京工业职业技术大学、兰州石化职业技术大学、唐山工业职业技术大学、江西职业技术大学、河北石油职业技术大学、深圳职业技术大学、南宁职业技术大学、贵州交通职业大学、山东外国语职业技术大学、广东轻工职业技术大学、四川工程职业技术大学、河北科技工程职业技术大学、广西农业职业技术大学、河北工业职业技术大学、长春汽车职业技术大学、新疆农业职业技术大学、兰州资源环境职业技术大学、浙江药科职业大学、重庆机电职业技术大学、哈尔滨职业技术大学、浙江机电职业技术大学、柳州职业技术大学、重庆电子科技职业大学、湖南汽车工程职业大学等 24 所本科层次职业大学 2023 年质量年度报告。

② 数据来源:南京工业职业技术大学、兰州石化职业技术大学、唐山工业职业技术大学、深圳职业技术大学、河北石油职业技术大学、南宁职业技术大学、广东轻工职业技术大学、江西职业技术大学、河北工业职业技术大学、长春汽车职业技术大学、哈尔滨职业技术大学、四川工程职业技术大学、浙江机电职业技术大学、柳州职业技术大学、湖南汽车工程职业大学、河北科技工程职业技术大学、兰州资源环境职业技术大学、山东外国语职业技术大学、浙江广厦建设职业技术大学、新疆农业职业技术大学、贵阳康养职业大学、甘肃林业职业技术大学等 24 所本科层次职业大学 2023 年质量年度报告。

业职业技术大学的标准数量即接近所有课程标准的 40%。有 3 所大学报告了制定行业标准的情况,其中金华职业技术大学 15 个[①]、贵州交通职业大学 10 个[②]、深圳职业技术大学 7 个[③]。

案例 3-1

深职大-比亚迪产教融合开展人才共育[④]

深圳职业技术大学汽车与交通学院与比亚迪公司开展深度合作,聚焦新能源汽车产业工程师、工艺员、检测人员等典型工作岗位,共同开发 5 个专业标准、7 项行业标准,开展 8 门课程的共建试点,已出版 8 本校企融合教材;比亚迪派出 10 名优秀师资兼任学院课程教学任务,学院也有 2~3 名教师长期在比亚迪开展产业指导与合作;学院与比亚迪联合开设"比亚迪汽车电子工程师精英班""比亚迪结构工程师精英班",旨在培养应用型汽车产业人才。近年来,毕业生就业率达 90% 以上,其中有 290 名学生留在比亚迪发展。

目前,深圳职业技术大学与比亚迪的合作已得到中央电视台、新华社、广东卫视、深圳卫视等多家主流媒体的关注与报道。该合作成果获 2022 年国家级教学成果一等奖。

四、讨　　论

(一)本科层次职业大学师资力量尚待加强

建设一支符合职业教育属性的师资队伍,是提升本科层次职业教育建设的

---

① 金华职业技术大学.金华职业技术大学 2023 年质量年度报告[EB/OL].(2023-01-08)[2025-05-11].https://www.jhc.edu.cn/2023/0108/c4195a152264/page.htm..
② 贵州交通职业大学.贵州交通职业大学 2023 年质量年度报告[EB/OL].(2024-01-23)[2025-05-11].http://zkb.gzjtzy.net/info/1130/1945.htm.
③ 深圳职业技术大学.深圳职业技术大学高等职业教育质量报告(2023 年度)[EB/OL].(2024-01-17)[2025-05-11].https://www.szpu.edu.cn/info/1157/20050.htm.
④ 深圳职业技术大学.深圳职业技术大学高等职业教育质量报告(2023 年度)[EB/OL].(2024-01-17)[2025-05-11].https://www.szpu.edu.cn/info/1157/20050.htm.

关键。从当前我国本科层次职业大学数量较少且以从优质专科层次职业院校升级的办学路径来说,率先成立的本科层次职业大学属于我国职业教育领域中的领先者和排头兵。然而,通过对各大学的《本科教育质量报告》进行梳理后发现,在师资力量建设方面还存在以下两个值得关注的问题:

一是学历提升空间较大。《本科层次职业教育专业设置管理办法(试行)》明确规定,设置本科层次职业教育专业须有完成专业人才培养所必需的教师队伍:"具有研究生学位专任教师比例不低于 50%,具有博士研究生学位专任教师比例不低于 15%",目前各本科层次职业大学的研究生教师比例在 60%~70%左右,符合教育部的相关要求。在 2023 年全国教育事业发展基本情况中,全国普通高中专任教师中研究生学历比例为 14.0%,中等职业教育专任教师中研究生学历比例为 9.4%,普通、职业高校硕士以上学位教师比例为 79.1%①。目前来看,较普通高校而言,本科层次职业大学的硕士以上学位教师数量存在较大的提升空间(见图 3-6)。

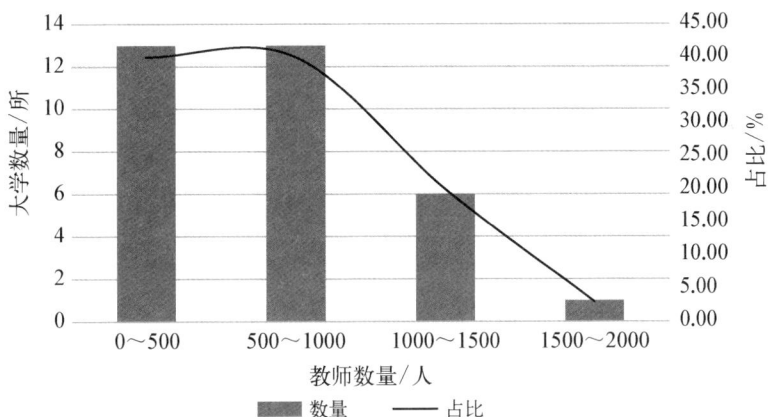

图 3-6 本科层次职业大学有研究生学位专任教师人数的分布

此外,博士学位是学术研究能力的最高认证,代表个体在特定领域具备独立科研能力和创新潜力,目前我国普通高校基本上以博士学位为入职门槛,这既是对教师学术资质的规范化要求,也是保障高等教育质量的制度性安排。本科层

---

① 教育部.教育部召开新闻发布会介绍 2023 年全国教育事业发展基本情况[EB/OL].(2024-03-01)[2025-04-30].http://www.moe.gov.cn/fbh/live/2024/55831/.

次职业大学是我国职业教育体系中的高端层次,如若在高学历教师的规模上没有与中等教育、专科职业层次院校有比较优势的话,那么本科层次职业大学的长远发展将受到不利影响。同时,传统高职院校科研能力相对较弱,重视博士学位专任教师的引进可弥补这方面的不足。

二是"双师型"教师队伍质量不齐。《国家职业教育改革实施方案》提出,到2022年"双师型"教师占专业课教师总数超过50%,目前我国本科层次职业院校中的"双师型"教师平均占比为62.1%(有3所低于50%),这虽然达到基本条件,但对比职业院校的人才培养目标以及产业对高层次技术技能人才的培养目标需求,高质量的"双师型"教师队伍建设对保障优质本科职业教育具有非常重要的意义。因此,管理部门的相关要求也有逐步提高的趋势,如北京市教委于2022年公布的《"十四五"时期北京市职业院校教师素质提高计划项目管理办法(试行)》提出"双师型"教师占专业课教师的比例不低于80%的要求。尤其是当前新一轮产业技术革命到来之际,产业需求对本科层次职业教育的驱动力相比普通本科教育更明显,但如果教师没有足够的产业经验,很容易使人才培养脱离现实的产业需求。如教育部于2024年更新发布的《职业教育专业目录》中,增设了"新能源发电工程技术""人工智能工程技术""区块链技术"等17个职业本科专业,这些新专业密切对应当前的新兴重点产业。在政策深化推进与学科专业动态调整的双重驱动下,构建精准化"双师型"师资培养体系已成为本科层次职业大学实现人才培养质量跃升的核心突破口。

职业本科教育既具有"高等性"特征,又具有"职业性"特征,要求教师不仅要具备教学能力、科研能力,还必须具备技术技能实践能力[1]。针对当前师资质量瓶颈,建议从以下维度推进突破:

一是构建教师学术进阶支持体系。职业本科教育作为培养高层次技术技能人才的主阵地,对师资队伍的学术素养与科研能力提出了更高要求。根据《中华人民共和国学位法》规定,获得博士学位的基本要求是申请者"在本学科或者专业领域掌握坚实全面的基础理论和系统深入的专门知识""具有独立从事学术研究工作的能力"或"独立承担专业实践工作的能力",能够"做出创新性成果"[2],

① 梁克东.职业本科教育的实践探索、发展瓶颈与推进策略[J].中国高教研究,2021(09):98-102.
② 《中华人民共和国学位法》(2024年4月26日第十四届全国人民代表大会常务委员会第九次会议通过)[EB/OL].(2024-04-26)[2025-04-22].http://www.moe.gov.cn/jyb_sjzl/sjzl_zcfg/zcfg_jyfl/202404/t20240426_1127804.html.

这也意味着这些博士学位获得者具有在职业生涯过程中自我学习、自我提升的基本能力。伴随着新一代产业技术革命可能带来的知识、技术等迭代速度加快，教师持续不断的自我提高能力对其保持良好的职业状态具有重要意义。因此，针对当前本科层次职业大学教师队伍学历起点不高的问题，建议将新教师招聘的基本学历要求提高至具有博士学位，确保未来本科层次职业院校教师具备一定的学术研究能力[①]；针对现有在职教师能力提升渠道不畅等问题，建议搭建多元化在职深造通道，比如与国内外高水平大学合作，开设定向博士培养项目，支持教师在职攻读博士学位。

二是实施产教融合导向人才引进机制。职业本科既是高等教育，也是职业教育。当前高职教师专业实践能力不强，已成为制约高职院校由规模发展逐渐向内涵发展过程中的重要因素之一[②]。职业本科作为高层次的职业教育，需破解教师实践能力薄弱的现实难题。为此，建议本科层次职业大学形成教师引进和发展的"双轨通道"，即除了从相关高校引进新毕业的博士外，也有一定比例教师来自企业，这部分教师除了具有必需的学术能力和教学能力素养等以外，实践经验是他们的最大优势。在人才引进完成后，借鉴研究型大学新引进青年教师在一定时间内不单独承担教学任务的做法，对新进博士教师提出增加企业经验的要求，通过相关政策和通道扶持，帮助他们近距离感知行业动态，提高实操水平，获得走进企业的亲近感；而对有企业经验的教师，则重点关注他们回归校园的成长路径是否顺畅，为他们将感性经验提升为理性教学提供支持。南京工业职业技术大学通过成立"技能大师工作室"[③]，聘请技能大师定期为青年博士示范技能操作、指导技能竞赛，形成了"技能大师＋青年博士"模式，提升专任教师的实践能力。

三是创新兼职教师职业成长生态系统。发展职业教育本科和建立现代职业教育体系，迫切需要提高师资队伍整体水平，急需高素质、专业化、创新型的具有"双师"素质的专业带头人[④]。与普通院校不同，本科层次职业大学对兼职教师

① 曹大辉.职业本科院校教师队伍建设的欧洲经验及启示——以德国、芬兰和瑞士的应用科技大学为例[J].教育与职业，2024(01)：72－77.
② 许海峰，石伟平.高职教师专业实践能力提升的困境及对策[J].职教论坛，2017(20)：16－20.
③ 南京工业职业技术大学.南京工业职业技术大学2023—2024学年本科教学质量报告[EB/OL].(2025－02－27)[2025－05－11].http://www.huaue.com/unews2025/2025227120825.htm.
④ 蔡玉俊，郭家田.工学领域博士层次"双师型"职教师资培养探讨[J].职业技术教育，2021,42(26)：41－44.

队伍有长期需求，而当前本科层次职业大学在校生规模持续扩大、专业教师动手能力相对较弱的背景下，建立相对稳固的高质量兼职教师队伍，不仅是关系当前，也是有利于长远的职教人才培养质量的关键举措之一。为此，建议本科层次职业大学进一步重视兼职教师的职业成长生态系统建设，具体包括：首先，完善身份认定政策，通过专门政策，完善对不同类型兼职教师的责任义务规范，在明晰身份归属的前提下，确保应有待遇，从而提升不同类型兼职教师的院校认同感和参与学校教育教学改革的积极性。其次，构建兼职教师能力提升机制，包括对兼职教师进行岗前、在岗等不同阶段的相关业务培训，为他们获得好的职业体验提供保障；与校内全职骨干教师结对，通过相对稳定的联合备课、交叉听课等制度方式，促进双方教师的相互学习、相互影响。最后，加强对兼职教师的柔性引进与管理。依据兼职教师的产业资历与教学能力、时间和精力投入等，制定明确但可相互转换的差异化聘用、薪酬、管理等制度。

四是推进建设本科层次职业大学的"校企师资共同体"。我国职业教育办学与企业生产之间长期存在一种"貌合神离"的关系[1]。基于资源保存理论，职业倦怠源于个体资源的持续损耗[2]。例如，职业院校教师可能因重复性教学陷入"能力固化"，企业技术骨干则会因单一岗位职责产生"创新疲态"，同时，校企人员身份壁垒、考核标准错位、权益保障缺失等，易导致校企之间的流动与合作呈现"形式化"。因此，建议本科层次职业大学能够根据专业群建设需要，与2～3家核心企业构建"校企师资共生体"，以资源互补、能力共生、价值共创为目标，通过专聘、兼聘、临聘等多种形式的灵活用人制度，破解职业倦怠困局，激活教师与企业技术人才的职业发展动能。值得注意的是，当前我国的本科层次职业大学中有着多样化的办学基础，其中部分大学已经与部分企业建立了较为稳固的合作关系。鉴于未来人才培养以本科层次的高素质技术技能人才为主，可能需要根据专业、行业特征，以多种方式继续发挥"校企师资共同体"的作用（详见表3-6）。

① 陶军明，庞学光.多重制度逻辑下现代学徒制的实践困境与路径选择[J].西南民族大学学报（人文社会科学版），2021(09)：206-212.

② Hobfoll E S，Halbesleben J，Neveu J，et al.Conservation of Resources in the Organizational Context：The Reality of Resources and Their Consequences[J].Annual Review of Organizational Psychology and Organizational Behavior，2018，5(01)：103-128.

表 3-6　"校企师资共同体"互通类型与实施路径

流动类型	核心对象	运 行 模 式	功能定位
兼职型	企业技术总监/技能大师	每周 1 天驻校授课,加入学科建设教研室,担任"产业导师"	将行业标准转化为教学内容
实践型	职校专业教师	每学期赴企业全职实践 1 个月,承担技术攻关项目,考取职业技能等级证书	更新教师技术认知,反哺教学改革
互通型	校企青年骨干	通过"岗位交换计划"实现 3~6 个月的角色互换(如教师任企业工程师,员工任实训指导教师)	促进跨界思维融合,孵化复合型人才

五是建立大学教师发展中心。鉴于当前我国本科层次职业大学尚处于新建阶段,在职教师中的主体是原专科层次时代引进的教师,对培养本科层次的高素质人才还有一个适应过程。为此,建议大学设置帮助教师提升教育教学能力的专门机构,如教师教学发展中心,既帮助提升原有教师的教育教学能力,也为新引进教师提供专业化发展场所,另外还为兼职教师提升教育教学技能提供支持。借鉴国内研究型大学的相关机构设置经验,该类机构的中心任务是为教师培训、教学咨询、教学学术交流、教学研讨、教学质量评估以及帮助教师进行职业生涯发展规划提供专业化支持[1]。

(二) 生涯多样化：本科层次职业大学学生发展中心建设

目前进入职业本科院校的生源主要有两类：第一类是普通高考生源,第二类是职校生源,包括专转本、职教高考、"3+2,5+2,3+4"分段衔接培养等[2]。不同背景生源在知识基础、能力结构等方面有较为明显的差异。为此,有大学采取分类培养模式,比如,海南科技职业大学根据生源实际情况分别设置了《海南科技职业大学 2024 级 4 年制统招本科专业人才培养方案框架》《海南科技职业大学 2024 级 2 年制专升本专业人才培养方案框架》《海南科技职业大学 2024 级 2 年制高本 3+2 专业人才培养方案框架》《海南科技职业大学 2024 级 5 年制高

① 郝德贤.大学教师教学发展中心的主体功能[J].高教发展与评估,2023,39(02)：63-70+121-122.
② 李建国,吴学敏,代伟,等.积极回应产业变革与人民教育诉求的职业本科教育——2024 年职业本科教育研究与实践新进展[J].中国职业技术教育,2025(02)：63-75.

本3+2专业人才培养方案框架》等不同人才培养方案①,以适应不同来源背景学生的培养发展需求。然而,这样的人才培养方案在实施中涉及多个方面,包括师资队伍、教学设施、教学资源、教学方法、学习评价和质量管理等,多套培养方案并行的做法无疑会大幅度提高各大学的办学成本,并且不利于不同基础背景的学生群体融合,形成和谐一致的校园文化。为此,建议在尊重学生个性化需求及兴趣的基础上,以模块化教学模式为主,辅以个性化的学生发展辅导,形成支持学生全员发展的培养支持体系,为不同类型生源提供专业化、个性化和多元化的职业生涯发展路径。

一是提供基础性学业保障辅导。根据学生学业基础和能力背景,提供不同类型、不同程度的学业辅导,包括理论性课程辅导、实践性基础能力辅导等,并以先修课方式,纳入学生的培养计划中。

二是提供学业发展提升性辅导。随着各大学招收规模的扩大,学生日渐丰富的个性化需求与常规化教育教学模式之间的矛盾会逐渐显现,比如部分大学已吸引到一些对高技术技能有浓厚兴趣的优秀本科生,为更多学生提供符合他们个性化需求的教育支持,对构筑良好的大学教育生态极其重要。

(三) 实训教学资源分布不平衡现象日益凸显

实习实训实践教学是职业教育相对普通教育更加明显的特征。在部分本科层次职业大学中探索形成的"理实一体化"教学模式,不仅有助于提高学生的学习参与度,更是连接大学教育教学过程与实践需求的理想通道。"理实一体化"中的"理"指理论教学,"实"是指实践教学,其重点是将理论教学与实践教学动态融合,其核心是让学生"动"起来,在这种模式下要着重凸显教学过程的实践性、开放性和职业性。②"理实一体化"教学的核心在于边教边学边做,采用理论讲解与实践操作交替推进、直观体验与抽象认知交替呈现的方式,没有固定的先理论后实践或先实践后理论的固定模式,而是强调理论知识"够用就行",转而构建"理中含实、实中融理"的立体化教学框架,使不同基础的学生能根据专业需求灵活调整学习路径,激发学习内驱力。"理实一体化"教学模式的实施,一方面需要对理论

---

① 海南科技职业大学.关于印发《海南科技职业大学2024级职业本科人才培养方案指导意见》的通知[EB/OL].(2024-10-08)[2025-04-30].https://www.hvust.edu.cn/news/newsDetail/21113.
② 夏章建,蔡志勇.高职理实一体化教学模式探讨[J].教育教学论坛,2013(40):201-202.

与实践结合的教学内容安排进行重构,另一方面还需要有充裕的实践学习场所、设施设备保障。目前部分大学已经拥有较好的基础条件,比如,南昌职业大学现代物流管理专业创设智能学习环境,开展"理实一体化"教学(详见案例3-2)。

案例3-2

南昌职业大学与京东公司的校企合作[①]

　　南昌职业大学把实际的业务与教学课堂完整结合,实现真正意义上的产教融合。基于校园末端快递服务业务,校企共建智慧物流综合服务中心——校园实训基地,实现"企业在校内、课堂在企业"的全新工学一体化生产性实训基地。建设校园智慧服务中心,整合校园京东、顺丰、圆通、韵达、申通等快递,成立集快递收发、学生实训、校园服务于一体的校园物流智慧服务中心。通过该服务中心,为学生创造优质的资源链接平台,为学生提供教学实验、实习实践平台,学生在服务中心可以学习到京东、菜鸟、顺丰等平台系统的操作和使用,仓储的整体规划设计,无人分拣设备的操作使用等。实训基地承载了校园末端的先进技术、设备、操作流程,根据学校相关专业课程的内容,依托实验基地的实际业务场景,开展相应的教学实训活动。校企双方教师承担对应的教学实训课程,指导学生完成生产实践、站点管理和运营。学生通过在校物流岗位的实训,学会如何做一名物流营业部经理,操作京东3PL系统、菜鸟、顺丰等平台系统,操作无人车,管理网点,给员工下KPI,开展推广活动等。

　　在课证融通方面,认证伴随教学学习过程和一体化运营同时产生,实现课证融合和结果认证。学生获得的证书包括《智能仓储大数据分析》《物流无人机操作与运维》《智能仓储装备应用及维护》三项"1+X"职业技能等级证书。

　　但也有部分职业大学的教学资源配备尚不具备"理实一体化"教学条件。目前本科层次职业大学基本经由"转型""合作办学""升格""转设"等方式形成或组

[①] 南昌职业大学.南昌职业大学职业教育质量年度报告(2023)[EB/OL].(2024-01-03)[2025-05-11].http://edu.zwdn.com/#/annualSearch? year=&collegeType=&keyWord=%E5%8D%97%E6%98%8C%E8%81%8C%E4%B8%9A%E5%A4%A7%E5%AD%A62023%E5%B9%B4%E8%B4%A8%E9%87%8F%E5%B9%B4%E5%BA%A6%E6%8A%A5%E5%91%8A.

成,各基础学校长期存在资源和条件匮乏问题[1]。在虚拟仿真实训基地建设方面,约80%的高校集中在0～10个之间,53.2%的虚拟仿真实训基地集中在排名前10所的大学(详见图3-5)。与企业共建开放型区域产教融合实践中心建设也是如此,约84%的高校数据集中在0～20个区间,排名前10名的本科层次职业大学占总量的80.1%(详见图3-6),反映出区域产业资源吸附能力的马太效应,如广东、江苏等地院校依托产业集群优势实现平台集聚。

我国高等教育系统中的对口支援做法对缓解部分教学资源较弱大学办学资源缺乏的问题发挥了积极作用。其中积累的经验可以为相对优势本科层次职业大学支援条件较差大学提供借鉴。比如在清华大学等对口支援高校的帮扶下,青海大学学科专业布局不断优化,先后组建了生态环境工程学院、地质工程系、计算机技术与应用系和新能源光伏产业研究中心,增设"新能源材料与器件""环境生态工程"等战略性新兴产业相关专业,学科专业设置与三江源生态、区域产业结构高度契合[2]。在普通高校的对口支持政策牵引下,部分条件薄弱高校通过网络课程、合作研究、教师挂职多种形式的教育资源共享,助力基础薄弱高校的教育资源开发和有效利用[3]。以北京大学为首的22所教育部高校团队对口支援西藏大学30年以来,累计选派近800名干部教师到西藏大学工作,接收230余名西藏大学干部教师挂职进修、160余名青年教师攻读硕博士学位,西藏大学人才队伍取得量的突破和质的提升,学科建设实现特色发展,科研创新展现新的活力,有力提升了办学水平和质量[4]。

后发优势理论认为,相对落后的发展中国家能够借鉴发达国家的技术、生产方法和管理制度等来促进自身的发展,这一发展范式往往是低风险、低成本和高速度的[5]。我国在高等职业教育领域的改革进程深刻印证了这一理论的实践价值——改革开放以来通过积极借鉴德国、日本和瑞士等国际先进成熟经验,有效

---

① 梁克东.职业本科教育的实践探索、发展瓶颈与推进策略[J].中国高教研究,2021(09):98-102.
② 中国教育报.明月何曾是两乡——清华大学对口支援青海大学实现跨越式发展纪实[EB/OL].(2023-08-05)[2025-04-30].https://www.centv.cn/p/473121.html.
③ 刘振天,赵志强.高校"对口支援"走向高质量:历程、困境与路径[J].山西师大学报(社会科学版),2023,50(02):63-72.
④ 新华网.教育部高校团队对口支援:西藏大学办学水平和质量迅速提升[EB/OL].(2024-09-22)[2025-04-30].http://www.xz.xinhuanet.com/20240922/6b752f0339d74155b45b422b26ccbb7e/c.html.
⑤ 唐玉溪,何伟光.后发跨越式赶超:智能时代中国高职教育变革路向研究[J].中国远程教育,2023,43(12):68-75.

发挥了后发优势的制度红利,仅用四十余年时间就构建起全球规模最大的现代职业教育体系。因此,在本科层次职业大学领域,同样可以发挥优势高校集群的资源溢出效应,带动中西部本科层次职业大学建设,为此提出以下建议:

在横向视角上,建议本科层次职业大学与普通高校、企业以及行业组织合作深化,加强双边的人才培养、科学研究和服务社会之间的交流。例如,与综合型高校共建通识教育课程共享平台,开发"职业素养+学术基础"复合型课程模块,弥补职业本科通识教育短板;推行"教育链—产业链"双链对接计划,联合头部企业开发活页式教材、模块化课程包,确保教学内容与行业技术迭代保持同步;依托行业协会建立职业能力标准转化中心,将国家职业标准转化为教学标准,实现人才培养与岗位需求的精准匹配。在纵向视角上,跨区域的合作尤为重要。资源较弱的学校可以通过联盟或共享平台,利用其他学校的优质资源,例如通过云平台共享虚拟仿真实训资源,减少重复建设。在此过程中,需要进一步明确各方权利义务关系,形成"共建有规、共享有序、共治有效"的良性运行机制,最终实现教育资源在更大范围内的优化配置与高效利用。

(四) 校企合作是"理实一体"课程与教材开发的重中之重

理实一体课程与教材开发,需要企业真实场景和案例。理实一体课程以国家职业标准为依据,基于典型工作任务构建课程体系,按照工作流程与学习规律双维度设计教学活动。本科层次职业大学以培养高素质技术技能人才为目标,因此其教学模式设计离不开实践的支持;而高素质的人才定位,又不能缺少以逻辑思维为核心的基础理论教学做支撑。理实一体课程与教材开发的核心,是建立以任务驱动、问题链引导为组织形式,将基础理论蕴含于解决实际问题过程中的模块化教学,即通过真实问题情境创设,引导学生经历"发现问题—方案设计—实践验证"的完整过程,同步培养技术应用能力与创新思维。这是高等教育人才培养应对产品技术迭代升级速度加快的产业需求的重要策略。

在模块化教学中,理论知识呈现需以服务实践为准则,因此来自企业实践中的真实问题是牵引理论知识学习的核心,此时理论知识以简明化、模块化的表达方式呈现,教材知识根据真实案例形成体系;不同知识模块之间可有多种不同的组织连接方式,以面对不同的任务需求。因此相较于普通课程体系来说,模块化课程体系更能适应快速变化的时代,大学中课程与教学内容更新的基础是模块,而不是整个知识体系。

相较于传统固定化教材形式,活页教材更能体现案例教学的实时性和灵活性。因此,新形教材建设需要得到来自企业的支持。与此同时,从选择合适的教学案例到对其中理论知识的把握,以及从具体的授课再到形成教材,也需要大学教师的扎实投入。可以说,高质量的校企合作是产生优秀活页教材的基础。例如,金华职业技术大学打造系列产教研紧密融合的教材开发平台,组建专兼教师结合、校企协同的教材开发团队,及时将新技术、新工艺、新规范、新资源纳入教材,形成可供校企共享的教材资源(详见案例3-3)。

📋 案例 3-3

金华职业技术大学电子商务专业教材研究基地①

金华职业技术大学依托浙江首家网络经济产业学院、全国商务数据开发与应用职业教育集团,联合金义新区,与物产中大、阿里巴巴金华菜园电商、金华跨境电商综合服务中心等50多家企业开展深度合作,成立电子商务专业教材研究基地,围绕电子商务、商务数据分析、跨境电子商务等领域开展了系列教科研项目。

产教联动的新形态教材建设中心。联合政行企校力量进行教材建设改革,开展适合高职人才培养的电商职业标准、电商教材开发、教材建设规划、教材编选用评管各环节制度规范研究。

研用一体的教材工作新型态智库。吸收全国知名专家、学术领军人物、教学名师、优秀教师等组建省级高职电商教材编写审核专家库和选用审核专家库,充分发挥专家学者在教材建设项目评审、书稿审读、咨询指导等方面的作用。

育训结合的教材工作者交流平台。根据电子商务不同业务的教材建设需求,面向全国征集电子商务教材编选专家,吸引行业人士参与教材建设,组建了高水平、高素质、专业化的教材编写人才库。近五年团队主持国家级

---

① 金华职业技术大学.金华职业技术学院质量年度报告(2023)[EB/OL].(2023-01-08)[2025-05-11].https://www.jhc.edu.cn/2023/0108/c4195a152264/page.htm.

课程 2 门、省级课程 13 门,发表专业核心论文 15 篇。新华社、光明日报、中国教育报等 30 多家媒体来校专访并作专题宣传,相关新闻报道共计 60 余篇。

从现有的数据来看,当前多数大学校企合作开发的教材比例较低。2024 年各本科层次职业大学通过校企合作总计开发教材 187 本,这与我国近 900 个本科专业布点的需求不匹配,反映出本科层次职业大学教材建设还有很大的提升空间,为此建议:

引入企业实际项目作为教学载体,通过案例研究、项目驱动等方式,帮助学生将理论知识转化为实践能力,提高解决实际问题的能力;聘请行业专家参与课程评估,实现教学内容与产业需求的精准对接;设计基于知识模块的活页教材,根据不同行业发展趋势,及时调整模块内容及其组合;多层面打造新形态教材,在编制教材的同时,开发适配的电子化资源包,涵盖教学课件、练习数据库、实操案例、微课资源、语音讲解、课程素材库等要素,通过多维化、多元性的教学形态设计,增强学生学习自主性与课堂互动有效性。

(执笔人:张　迅)

第四章
本科层次职业大学的办学投入

　　办学投入是本科层次职业大学赖以生存和发展的基本保障,办学经费和基础设施作为基本的办学资源,其投入水平直接关系到职业本科教育的发展水平。本章关注本科层次职业大学的经费投入与基本办学条件两大方面,前者包括经费投入中的教学日常运行支出、本科实习经费支出两大指标,后者包括实验实训场所面积、教学科研仪器设备资产两大指标。这些指标富有职业教育类型特点,在一定程度上能够反映本科层次职业大学的办学投入现状。本章所涉及数据来源于 29 所本科层次职业大学公开的 2023—2024 学年本科教学质量报告与职业教育质量年度报告。①

一、经 费 投 入

(一) 教学日常运行支出

　　教学日常运行支出是指学校开展本、专科教学活动及其辅助活动发生的支出,直接决定教学计划的实施。它是教学基本支出中的商品和服务支出(302 类),不含教学专项拨款支出,具体包括教学教辅部门发生的办公费、印刷费、咨询费、邮电

---

① 　数据来源:河北工业职业技术大学、河北科技工程职业技术大学、河北石油职业技术大学、山西工程科技职业大学、运城职业技术大学、辽宁理工职业大学、上海中侨职业技术大学、南京工业职业技术大学、浙江广厦建设职业技术大学、泉州职业技术大学、南昌职业大学、景德镇艺术职业大学、山东工程职业技术大学、山东外国语职业技术大学、山东外事职业大学、河南科技职业大学、广州科技职业技术大学、广东工商职业技术大学、深圳职业技术大学、广西农业职业技术大学、广西城市职业大学、海南科技职业大学、重庆机电职业技术大学、成都艺术职业大学、贵州康养职业大学、西安汽车职业大学、兰州石化职业技术大学、兰州资源环境职业技术大学、新疆天山职业技术大学等 29 所本科层次职业大学 2023—2024 学年本科教学质量年度报告与职业教育质量年度报告。

费、交通费、差旅费、出国费、维修(护)费、租赁费、会议费、培训费、专用材料费、劳务费、其他教学商品和服务支出。在 29 所大学公开的 2023—2024 学年本科教学质量报告中,有 2 所大学未提供教学日常运行支出和生均教学日常运行支出数据,故本章统计了其余 27 所大学的教学日常运行支出数据①。这些本科层次职业大学的教学日常运行支出总计 197 171.8 万元,校均教学日常运行支出 7 302.6 万元,生均教学日常运行支出额为 3 616.3 元。公办大学和民办大学的生均教学日常运行支出差异明显,公办大学为 4 628.1 元,民办大学为 2 876.0 元,民办院校为公办院校的 62.1%。大学之间的生均教学日常运行支出差异亦较大,最高为 17 861.5 元,最低为 473.8 元,中位数为 2 623.5 元,最高是最低的 37.7 倍。

关于我国各省(自治区、直辖市)本科层次职业大学发展情况,所统计的 27 所大学分布于 17 个省,各省生均教学日常运行支出差异明显②。如表 4-1 所示,新疆本科层次职业大学生均教学日常运行支出最高,为 9 694.8 元,其次广东为 9 590.4 元,四川和陕西等省还有较大提升空间。

表 4-1　16 省职业本科生均教学日常运行支出

地　区	大学数	生均教学日常运行支出(元)
新疆	1	9 694.8
广东	3	9 590.4
上海	1	5 224.3

① 数据来源:河北工业职业技术大学、河北科技工程职业技术大学、河北石油职业技术大学、山西工程科技职业大学、运城职业技术大学、辽宁理工职业大学、上海中侨职业技术大学、南京工业职业技术大学、南昌职业大学、江西软件职业技术大学、山东工程职业技术大学、山东外国语职业技术大学、山东外事职业大学、河南科技职业大学、广州科技职业技术大学、广东工商职业技术大学、深圳职业技术大学、广西农业职业技术大学、广西城市职业大学、海南科技职业大学、重庆机电职业技术大学、成都艺术职业大学、贵州康养职业大学、西安汽车职业大学、兰州石化职业技术大学、兰州资源环境职业技术大学、新疆天山职业技术大学等 27 所本科层次职业大学 2023—2024 学年本科教学质量年度报告。
② 数据来源:河北工业职业技术大学、河北科技工程职业技术大学、河北石油职业技术大学、山西工程科技职业大学、运城职业技术大学、辽宁理工职业大学、上海中侨职业技术大学、南京工业职业技术大学、南昌职业大学、江西软件职业技术大学、山东工程职业技术大学、山东外国语职业技术大学、山东外事职业大学、河南科技职业大学、广州科技职业技术大学、广东工商职业技术大学、深圳职业技术大学、广西农业职业技术大学、广西城市职业大学、海南科技职业大学、重庆机电职业技术大学、成都艺术职业大学、贵州康养职业大学、西安汽车职业大学、兰州石化职业技术大学、兰州资源环境职业技术大学、新疆天山职业技术大学等 27 所本科层次职业大学 2023—2024 学年本科教学质量年度报告。

续　表

地　区	大学数	生均教学日常运行支出(元)
贵州	1	3 377.6
江苏	1	3 162.4
甘肃	2	3 076.3
河北	3	2 963.2
河南	1	2 623.5
山东	3	2 521.8
江西	2	2 448.22
海南	1	2 395.0
辽宁	1	2 149.6
重庆	1	2 147.7
山西	2	2 057.0
广西	2	2 044.0
陕西	1	1 679.0
四川	1	1 237.1

按我国四大经济区域进行分析[①],东部地区生均教学日常运行支出为 4 734.9元,中部地区为 2 340.1 元,西部地区为 2 807.9 元,东北部地区为 2 149.6 元,东部地区显著高于其他地区,中部和东北部地区的差异不大,西部地区也明显高于中部和东北部地区[②]。

[①]　国家统计局将我国经济区域分为东部地区、中部地区、西部地区和东北部地区。

[②]　数据来源:河北工业职业技术大学、河北科技工程职业技术大学、河北石油职业技术大学、山西工程科技职业大学、运城职业技术大学、辽宁理工职业大学、上海中侨职业技术大学、南京工业职业技术大学、南昌职业大学、江西软件职业技术大学、山东工程职业技术大学、山东外国语职业技术大学、山东外事职业大学、河南科技职业大学、广州科技职业技术大学、广东工商职业技术大学、深圳职业技术大学、广西农业职业技术大学、广西城市职业大学、海南科技职业大学、重庆机电职业技术大学、成都艺术职业大学、贵州康养职业大学、西安汽车职业大学、兰州石化职业技术大学、兰州资源环境职业技术大学、新疆天山职业技术大学等 27 所本科层次职业大学 2023—2024 学年本科教学质量年度报告。

　　为了解职业本科教育教学日常运行支出的相对情况,本章将本科层次职业大学教学日常运行支出与地方普通高等本科高校进行比较。在《普通高等学校本科教学工作合格评估指标体系》中,"教学日常运行支出"是指学校开展普通本专科教学活动及其辅助活动发生的支出,即教学基本支出中的商品和服务支出(302 类),不含教学专项拨款支出。根据《中国教育经费统计年鉴(2023)》教育经费支出明细(地方普通高等本科学校)[①],本章获得 2023 年度各地方普通高等本科学校"商品和服务支出"总额;同时,根据教育部统计年鉴获得 2023 年各地方普通高等本科学校学生数。用各地方普通高等本科学校商品和服务支出数除以该地方普通高等本科学校学生数,即可得各地方普通高等本科学校生均商品和服务支出额。

　　与地方普通高等本科学校相比,本科层次职业大学的生均教学日常运行支出明显偏低。通过统计计算,全国普通本科生均商品和服务支出为 11 151.5 元,本章统计的 27 所本科层次职业大学(均提供了生均教学日常运行支出和在校学生数)生均教学日常运行支出额为 3 616.3 元,本科层次职业大学为全国地方普通高等本科学校的 32.4％[②]。在统计的 15 个省份中,新疆本科层次职业大学的生均教学日常运行支出超过了该自治区普通高等本科学校,达到该自治区普通高等本科学校平均水平的 116.6％,是唯一超过普通高等本科学校生均水平的地区。各省普通本科高校与本科层次职业大学的对比见表 4 - 2。

表 4 - 2　15 省普通本科和职业本科生均支出比较

地区	普通本科生均商品和服务支出(元)	职业本科生均教学日常运行支出(元)
新疆	8 315.14	9 694.8
广东	17 951.19	9 590.4

① 教育部. 高等教育普通本科学生数[EB/OL]. [2025 - 01 - 01]. http://www.moe.gov.cn/jyb_sjzl/moe_560/2023/gedi/202501/t20250120_1176262.html.
② 数据来源:河北工业职业技术大学、河北科技工程职业技术大学、河北石油职业技术大学、山西工程科技职业大学、运城职业技术大学、辽宁理工职业大学、上海中侨职业技术大学、南京工业职业技术大学、南昌职业大学、江西软件职业大学、山东工程职业技术大学、山东外国语职业技术大学、山东外事职业大学、河南科技职业大学、广州科技职业技术大学、广东工商职业技术大学、深圳职业技术大学、广西农业职业技术大学、广西城市职业大学、海南科技职业大学、重庆机电职业技术大学、成都艺术职业大学、贵州康养职业大学、西安汽车职业大学、兰州石化职业技术大学、兰州资源环境职业技术大学、新疆天山职业技术大学等 27 所本科层次职业大学 2023—2024 学年本科教学质量年度报告。

续　表

地区	普通本科生均商品和服务支出(元)	职业本科生均教学日常运行支出(元)
上海	28 998.39	5 224.3
贵州	10 519.79	3 377.6
江苏	14 135.78	3 162.4
甘肃	8 156.43	3 076.3
河北	7 833.34	2 963.2
河南	8 309	2 623.5
山东	11 287.13	2 521.8
江西	8 160.57	2 448.2
海南	13 374.49	2 395.0
辽宁	11 463.92	2 149.6
重庆	9 157.06	2 147.7
山西	9 777.29	2 057.0
广西	9 876.91	2 044.0

使用社会科学统计软件包(SPSS),对 15 个地区本科层次职业大学生均教学日常运行支出与普通本科高校商品和服务支出进行相关分析,发现两个变量的相关性不显著($p>0.05$)。这一结果表明当前上述地区本科层次职业大学生均教学日常运行经费与各省(自治区、直辖市)的普通高等教育投入之间尚未建立密切的联动关系。

(二) 本科实习经费支出

实习是职业本科教育的重要环节之一,本科层次职业大学在本科学生实习环节的经费支出情况是职业本科教育质量的重要观测点。在本科层次职业大学本科教学质量报告中,"本科实习经费支出"和"教学日常运行支出"是两个相互独立的统计项目。在 29 所本科层次职业大学中,有 5 所未提供本科实习经费支出数据,1 所 2023 年暂无本科实习生,以上共 6 所未纳入统计范围,故纳入统计的大学共 23 所①。23 所大学的生均本科实习经费支出为 245.0 元,其中公办大学为 252.8 元,民办大学为 241.6 元,公办大学略高于民办大学。生均本科实习经费最高的大学为 1 491.4 元,最低为 45.5 元,中位数为 177.5 元,1 所大学生均本科实习经费超过 1 000 元,6 所大学低于 100 元。由此看出,大学间的生均本科实习经费存在较为明显差距。

从经济区域来看,东部地区生均本科实习经费支出为 357.8 元,中部地区为 119.2 元,西部地区为 202.1 元,东北部地区为 177.5 元,东部显著高于其他地区,中部最低。

关于各省市生均本科实习经费支出,本章所统计的 23 所本科层次职业大学分布在 14 个省份,山东省生均本科实习经费为 569.3 元,为全国最高,新疆、四川都很低,不足 100 元(见表 4 - 3)。

表 4 - 3　14 省职业本科生均本科实习经费支出

地　区	大学数	生均本科实习经费支出(元)
山东	3	569.3
江苏	1	404.0
河北	2	397.5
甘肃	2	372.6
重庆	1	275.6
海南	1	243.0
江西	2	208.6
辽宁	1	177.5
广西	2	174.7
河南	1	143.1
广东	3	113.3

---

① 数据来源:河北工业职业技术大学、河北科技工程职业技术大学、山西工程科技职业大学、运城职业技术大学、辽宁理工职业大学、南京工业职业技术大学、南昌职业大学、山东工程职业技术大学、山东外国语职业技术大学、山东外事职业大学、河南科技职业大学、广州科技职业技术大学、广东工商职业技术大学、深圳职业技术大学、广西农业职业技术大学、广西城市职业大学、海南科技职业大学、重庆机电职业技术大学、成都艺术职业大学、贵州康养职业大学、兰州石化职业技术大学、兰州资源环境职业技术大学、新疆天山职业技术大学等 23 所本科层次职业大学 2023—2024 学年本科教学质量年度报告。

地　区	大学数	生均本科实习经费支出（元）
四川	1	51.2
新疆	1	45.5
山西	2	13.87

二、基本办学条件

（一）实验、实训场所面积

在 29 所样本大学中，有 9 所本科层次职业大学未提供实验、实训场所面积，以下共统计 20 所大学[①]。20 所本科层次职业大学的实验、实训场所面积共计 381.4 万平方米，校均实验、实训场所面积 19.1 万平方米，生均实验、实训场所面积为 9.7 平方米，其中公办职业本科院校为 9.5 平方米，民办职业本科院校为 9.8 平方米。生均实验、实训场所面积最高的大学为 16.9 平方米，最低为 2.5 平方米，最高是最低的 6.7 倍。

20 所本科层次职业大学分布在 13 个省份。贵州的生均实验、实训场所面积为 14.5 平方米，为全国最高；广东其次，生均实验、实训场所面积为 14.1 平方米；而四川、江西特别是河南仍有很大增长空间（见表 4-4）。

表 4-4　13 省职业本科生均实验、实训场所面积

地　区	大学数	面积（平方米）
贵州	1	14.5
广东	2	14.1

---

① 数据来源：河北工业职业技术大学、河北科技工程职业技术大学、河北石油职业技术大学、山西工程科技职业大学、运城职业技术大学、辽宁理工职业大学、泉州职业技术大学、南昌职业大学、江西软件职业技术大学、山东工程职业技术大学、山东外国语职业技术大学、河南科技职业大学、广东工商职业技术大学、深圳职业技术大学、广西农业职业技术大学、广西城市职业大学、海南科技职业大学、重庆机电职业技术大学、成都艺术职业大学、贵州康养职业大学等 20 所本科层次职业大学 2023—2024 学年本科教学质量年度报告。

续　表

地　区	大学数	面积(平方米)
海南	1	12.7
福建	1	12.1
河北	3	11.8
辽宁	1	10.2
重庆	1	9.6
山东	2	8.6
山西	2	8.5
广西	2	7.4
四川	1	6.5
江西	2	6.4
河南	1	4.3

按经济区域划分,东部地区生均实验、实训场所面积为 11.8 平方米,中部地区为 6.7 平方米,西部地区为 8.5 平方米,东北部地区为 10.2 平方米,相较其他地区,中部地区还有很大增长空间。

(二)教学、科研仪器设备资产

在 29 所样本范围内大学中,1 所未提供教学、科研仪器设备资产,本文对其余 28 所进行统计分析。[①] 这 28 所大学教学、科研仪器设备资产总计 933 238.3 万元,校均 33 329.9 万元。这些大学生均教学、科研仪器设备资产为 1.7 万元,

---

① 数据来源:河北工业职业技术大学、河北科技工程职业技术大学、河北石油职业技术大学、山西工程科技职业大学、运城职业技术大学、辽宁理工职业大学、南京工业职业技术大学、浙江广厦建设职业技术大学、泉州职业技术大学、南昌职业大学、景德镇艺术职业大学、山东工程职业技术大学、山东外国语职业技术大学、山东外事职业大学、河南科技职业大学、广州科技职业技术大学、广东工商职业技术大学、深圳职业技术大学、广西农业职业技术大学、广西城市职业大学、海南科技职业大学、重庆机电职业技术大学、成都艺术职业大学、贵州康养职业大学、西安汽车职业大学、兰州石化职业技术大学、兰州资源环境职业技术大学、新疆天山职业技术大学等 28 所本科层次职业大学 2023—2024 学年本科教学质量年度报告与职业教育质量年度报告。

其中公办大学为 2.4 万元,民办大学为 1.2 万元。生均最高的大学为 6.3 万元,最低为 1.0 万元,最高是最低的 6.3 倍。

按经济区域划分,东部地区生均教学科研仪器设备资产为 2.0 万元,中部地区为 1.2 万元,西部地区为 1.4 万元,东北部地区为 1.2 万元。相比而言,中部、西部和东北部地区的教学、科研仪器设备资产还有很大投入空间。

关于各省生均教学、科研仪器设备资产,28 所大学①分布在 18 个省份。浙江生均资产为 4.4 万元,为全国最高;四川、陕西为 1.0 万元,为全国最低(见表 4－5)。

表 4－5　各地生均教学、科研仪器设备资产

地　　区	大学数	生均教学、科研仪器设备资产(万元)
浙江	1	4.4
广东	3	3.3
江苏	1	2.0
甘肃	2	2.0
河北	3	1.9
河南	1	1.5
广西	2	1.4
贵州	1	1.3
山西	2	1.2
辽宁	1	1.2
江西	2	1.2

---

① 数据来源:河北工业职业技术大学、河北科技工程职业技术大学、河北石油职业技术大学、山西工程科技职业大学、运城职业技术大学、辽宁理工职业大学、南京工业职业技术大学、浙江广厦建设职业技术大学、泉州职业技术大学、南昌职业大学、景德镇艺术职业大学、山东工程职业技术大学、山东外国语职业技术大学、山东外事职业大学、河南科技职业大学、广州科技职业技术大学、广东工商职业技术大学、深圳职业技术大学、广西农业职业技术大学、广西城市职业大学、海南科技职业大学、重庆机电职业技术大学、成都艺术职业大学、贵州康养职业大学、西安汽车职业大学、兰州石化职业技术大学、兰州资源环境职业技术大学、新疆天山职业技术大学等 28 所本科层次职业大学 2023—2024 学年本科教学质量年度报告与职业教育质量年度报告。

续　表

地　区	大学数	生均教学、科研仪器设备资产(万元)
福建	1	1.1
山东	3	1.1
新疆	1	1.1
重庆	1	1.1
海南	1	1.1
四川	1	1.0
陕西	1	1.0

共 27 所本科层次职业大学提供了"当年新增教学、科研仪器设备值",[①]这 27 所大学新增设备值共计 98 590.0 万元,校均新增设备 3 651.5 万元,新增设备值最高的大学达到 19 750.8 万元,最低的为 700.0 万元,最高是最低的 28.2 倍。27 所大学当年新增教学、科研仪器设备值所占比例为 10.8%,其中公办大学为 11.2%,民办大学为 10.3%,公办大学略高于民办大学。新增设备资产额占比最高的大学为 32.04%,最低为 5.0%,[②]说明新增设备资产额占比的校际差异明显。

本章对各本科层次职业大学生均教学日常运行支出与生均教学、科研仪器设备资产进行相关分析,发现两个变量的相关系数为 0.813($p<0.001$),说明生均教学日常运行支出与生均教学、科研仪器设备资产呈显著正相关。同时,对"当年新增教学、科研仪器设备值"与"生均教学、科研仪器设备值"进行相关分析,发现两个变量相关系数为 0.711($p<0.001$),即生均设备值越高,当年新增设

[①]　数据来源:河北工业职业技术大学、河北科技工程职业技术大学、河北石油职业技术大学、山西工程科技职业大学、运城职业技术大学、辽宁理工职业大学、南京工业职业技术大学、浙江广厦建设职业技术大学、泉州职业技术大学、南昌职业大学、山东工程职业技术大学、山东外国语职业技术大学、山东外事职业大学、河南科技职业大学、广州科技职业技术大学、广东工商职业技术大学、深圳职业技术大学、广西农业职业技术大学、广西城市职业大学、海南科技职业大学、重庆机电职业技术大学、成都艺术职业大学、贵州康养职业大学、西安汽车职业大学、兰州石化职业技术大学、兰州资源环境职业技术大学、新疆天山职业技术大学等 27 所本科层次职业大学 2023—2024 学年本科教学质量年度报告与职业教育质量年度报告。

[②]　注:在"当年新增教学、科研仪器设备值所占比例"统计数据中,有 2 所学校统计口径和其他学校有所不同,其发布数据为"新增设备值占上一年设备总值比例",而其余学校为"占当年设备总值比例",本章统一调整为后者。

备值越高。以"当年新增教学、科研仪器设备值"为因变量,"生均教学日常运行支出"与"在校生人数"为自变量建立线性回归模型(见表 4-6),发现当"在校生人数"不变时,生均教学日常运行支出每增加 1 元,当年新增设备值预期增加0.72 万元;在生均教学日常运行支出不变时,"在校生人数"每增加 1 人,当年新增设备值预期增加 0.36 万元。这一结果进一步说明,教学和科研仪器设备新增值随着生均教学日常运行支出、在校生人数的增加而呈现明显增加态势。

表 4-6　线性回归模型

模　　型	未标准化系数		标准化系数	t	显著性
截距	−6 505.419	1 874.286		−3.471	0.002
生均教学日常运行支出	0.721	0.146	0.602	4.949	0.000
在校生人数	0.363	0.084	0.528	4.342	0.000

$R^2 = 0.676$, $F = 22.94$, $p < 0.001$

三、讨　　论

通过以上数据分析可以发现,在关系职业本科人才培养质量的教学日常运行支出、实习经费支出、教学科研仪器设备资产等方面,我国本科层次职业大学之间存在较为明显的不均衡性。从经济区域看,东部地区在经费和办学条件上较中部、西部地区具有明显的领先优势。从与本地区普通高等本科学校比较的角度,本科层次职业大学的生均教学日常运行支出普遍低于地方普通高等本科学校的同类支出,在 33 所职业本科大学中,仅有 1 所职业本科大学达到了所在地区普通高等本科学校的平均水平。

经费是职业本科教育办学的基本保障。发达国家的教育成本相关研究指出,职业教育的办学成本是普通教育的成本的 2.64 倍,[①]这与职业教育与产业界距离更近的办学定位密切相关,由此职业教育也需要有比普通教育更多类型的实习实践类教育资源配置,充分的办学经费对保障高质量的职业教育发展意义

---

① 冉云芳.我国中职教育经费探析:总量不足与结构性失衡[J].教育与经济,2011,(03):56-60.

更为显著。当前正处于起步阶段的各本科层次职业大学,各方面都处于投资相对最为集中的基础建设阶段,但根据目前的数据统计,本科层次职业大学的经费投入还没有达到普通本科院校的投入水平,这势必会对本科层次职业大学的高质量发展产生不利影响。

同时,在对各项数据进行相关性分析后发现,各本科层次职业大学的生均教学日常运行支出和生均教学科研设备值、当年新增教学科研设备值呈高度正相关,说明经济实力越强的大学在办学硬件上的经费投入力度越大,在多项指标上表现优秀的可能性更大;而经济实力不足的大学则面临全面落后的困境,警示我们需要注意目前各方面尚处于弱势的本科层次职业大学,需要尽快拓宽各种办学资源渠道,以弥补当前的资源不足,避免更长远的办学资源条件劣势。同时,部分办学资源条件具备相对优势的本科层次职业大学,尽管拥有相对广泛而密切的校企合作基础,仍在持续加大校内教学科研设备的投入,将建设独立、先进的校内实训基地视为办学的重要基础。实际上,良好的校内教学科研基础设施设备建设,不仅是保障大学高水平建设发展的基础,同时也是赢得企业更多稳定性支持的实力表现,归根到底,企业实训基地不能替代大学内部的教学科研设施设备建设。

需要强调的是,本章主要依托本科教学质量年度报告,采集了实习经费、实训场所面积、教学科研设备等基础办学条件数据。但由于部分本科层次职业大学的相关数据尚未完全公开或公开程度不足,可能会影响研究结论的全面性和客观性。即便如此,办学投入不足问题依然亟待政府和办学者的密切关注与高度重视。

(执笔人:高天逸)

第二部分
典 型 案 例

第五章
从物理融合到认知融合：产教融合的
三阶组合模式
——深圳职业技术大学的探索实践

《教育强国建设规划纲要(2024—2035 年)》(以下简称《纲要》)提出要构建"产教融合的职业教育体系"①，然而当前职业教育普遍存在理论与实践两张皮的结构性矛盾②。职业教育产教融合仍主要停留在宏观政策和理念层面，具体表现为四个结构性失衡：一是学校层面推进多而专业(系部)层面落实少；二是实训教育与学生就业的合作多，而科技研发与社会服务的合作少；三是企业单向支持学校多，学校反哺企业服务少；四是基于人情关系的短期合作多，依托制度保障的长效机制少③。国家层面虽密集出台宏观政策(如"十四五"规划)，但省级以下普遍缺乏实施细则，地方政府更倾向于支持重大经济发展项目而非中小微企业的实际技术需求，加之现行政策侧重供给端(学校)忽视需求端(企业)，企业参与成本收益不匹配，导致校企合作出现"学校热""企业冷"的现象，并直接导致职业教育供给侧与产业需求侧的结构性错配。在数字经济驱动产业升级的背景下，深化产教融合已成为服务社会经济转型的迫切需求。

深圳职业技术大学(以下简称"深职大")人工智能学院人工智能工程技术专

---

① 中共中央、国务院.中共中央 国务院印发《教育强国建设规划纲要(2024—2035 年)》[EB/OL].(2025 - 01 - 19)[2025 - 03 - 11].http://www.moe.gov.cn/jyb_xxgk/moe_1777/moe_1778/202501/t20250119_1176193.html.
② 国务院办公厅.国务院办公厅关于深化产教融合的若干意见[EB/OL].(2017 - 12 - 19)[2025 - 03 - 16].https://www.gov.cn/zhengce/content/2017 - 12/19/content_5248564.htm.
③ 刘海明.产教深度融合：高职院校推进区域产业转型升级的战略选择[J].高等工程教育研究,2020(06)：129 - 135.

业构建的三阶组合产教融合模式——从物理层(硬件与技术共建)、制度层(双向赋能协同机制)到认知层(目标协同价值共创),依托需求转化机制、建立分层培养体系、搭建生态协同平台三大支柱,由低向高渐进融合,逐步建立起可持续发展的产教融合生态。这种创新模式不仅实现了人才培养与产业需求的无缝衔接,更形成了可规模性复制的深职大经验,为职业本科教育提供了兼具理论深度与实践效能的发展范式。

一、产教融合三阶组合模式的诞生背景

作为立足粤港澳大湾区新兴产业聚集地的职业院校,深职大始终秉持产业需求导向、应用能力本位的办学理念。政策的支持为企业参与职业教育提供了良好的外部环境,同时也为深职大与企业合作创造了更多契机。2019年深职大组建人工智能学院,聚焦人工智能、大数据、云计算及虚拟现实等前沿领域打造特色专业集群,累计投入2.3亿元建设实训基地,与21家企业共建实验室,推动软件技术等传统专业75%的课程体系完成智能化改造①。通过"新兴专业布局+传统专业升级"双轨并行策略,构建服务人工智能产业链的职业教育体系,推动人工智能成为深职大新一轮转型的战略方向②。人工智能专业将人才培养目标定位于"技术服务和运维"型人才,以应对当前及未来广泛的人工智能技术应用场景。具体以培养学生具备三方面的能力为重点:一是技术能力,要掌握人工智能的基础理论和应用技术,能够分析、维护和管理人工智能系统;二是实践能力,要求毕业生具备实际操作能力,能够在企业中完成相关任务,并指导其他员工;三是职业素养,需要具备良好的政治、科学、人文素养,以及良好的职业道德和团队合作精神,能够适应技术进步和社会需求的变化。

对于企业而言,通过与深职大的合作,一是有助于企业培养符合自身需求的高素质技术技能型人才,例如,深职大与华为、比亚迪等龙头企业共建了17所特色产业学院,采用"九个共同"(指校企协同育人模式下共同开展党建活动、

① 深圳职业技术大学.深圳职业技术大学人工智能学院及专业简介[EB/OL].(2024-03-29)[2025-03-18].https://zhaosheng.szpu.edu.cn/zyjs/rgznxy.htm.
② 晋大伟.深职大:高职中的清华北大[EB/OL].(2019-07-30)[2025-03-11].https://www.sohu.com/a/330233028_115563.

建设专业、开发课程、设立研发中心、建设师资队伍、开发职业资格证书、开展双创教育、培养现代学徒、拓展国际合作的深度融合机制）人才培养模式，实现了校企双元育人，为企业发展提供了强有力的人才支持和技术保障；二是通过参与行业标准制定与技术孵化、针对产业链关键技术难题开展联合攻关等方式，推动企业在技术创新、科研成果转化以及市场开拓等方面取得突破，帮助企业解决技术难题，提升企业的核心竞争力；三是通过与深职大的合作，可以在不同地区树立企业参与职业教育的示范效应和合作品牌，从而占领相关教育市场并保持行业领先地位。

　　人工智能学院人工智能工程技术专业与思谋科技等行业领军企业深度合作，以"产业需求驱动、资源深度共享、技术反哺教学"为核心，共建特色平台及动态调整人才培养模式，形成了多层次、多维度的协同育人体系和产教融合新模式（见表5-1）。该专业在校内拥有多个实训室，配备先进设备，用于机器学习、计算机视觉等课程的实训教学；在校外与企业合作建立了稳定的校外实训、实习基地，提供实习岗位和指导管理，精准对接产业链中游岗位需求。产业界与教育界的差异化目标追求为双方创造了功能互补的合作空间，使专业建设既能保持教育规律，又能快速响应技术变革。

表 5-1　深职大三阶组合模式与传统订单培养模式对比表

维　度	传统订单培养模式	深职大三阶组合模式	可借鉴的经验
政策支持	缺乏系统性政策	政府主导产业集群对接	结合地方产业需要制定针对性政策
合作方式	单向人才输送，极少参与人才培养过程	企业在学校建立微缩工厂、微缩车间；共享技术；建设联合研发平台	企业将"微工厂"搬到学校，企业导师参与学校实训教学
合作领域	就业导向明显，合作领域单一	企业参与课程研发、参与制定人才培养方案、主导实践类课程、拓宽学生就业渠道	校企深度合作，拉长合作链条，构建可持续协作生态
合作特点	项目式合作；培养生产线实操能力	研发、课程、认证全链条合作；培养创新能力和核心技术迁移能力	企业主导技能实践

续　表

维　度	传统订单培养模式	深职大三阶组合模式	可借鉴的经验
资源投入	学校单方面投入	校方提供平台,企业提供技术与人员,企业技术共享	校企双方寻求合作契机,实现共赢
适用范围	劳动密集型产业	科技密集型产业	有高技能需求的现代产业

　　三阶组合模式的构建主要基于以下多重动因:其一,产业革命驱动教育供给侧转型。随着人工智能与制造业的深度融合,智能制造领域对掌握智能视觉、数据分析、工业软件等技术的复合型人才需求激增。然而,传统理论教育难以满足产业对技术应用能力的要求,学生普遍面临"学用脱节"困境。尤其在广东省这一制造业强省,产业技术变革加速,亟须通过产教融合填补人才缺口,推动制造业向高端化升级。国家政策亦明确要求人工智能与实体经济深度融合,而现有教学资源(如基础机房、虚拟仿真设备)无法提供真实工业场景、核心数据及先进设备,导致实训与科研能力薄弱,制约专业发展和就业竞争力。其二,教育资源配置重构驱动培养体系革新。人工智能学院在升格本科层次职业大学过程中,面临实训空间物理承载能力不足、高端设备配置缺失、课程模块衔接失序三大核心挑战。以计算机视觉应用课程为例,该课程因缺乏工业级实训设备,教学抽象化、落地难,难以支撑"高素质应用型人才"培养目标。这种教学与实践的脱节,严重制约了应用型技术人才的培养效能,导致人才培养目标与产业需求之间出现结构性偏差。校企共建实训室成为必然选择——通过将工业级设备进行教育化改造(如简化产线、开发模块化课程),将真实工业场景(如3C电子质检、轴承检测)融入教学,构建"理论—实训—产业应用"闭环。此举不仅解决了人工智能学院办学硬件资源短缺问题,更以企业案例反向重构课程体系,确保教学内容与产业前沿技术同步。其三,追求多方共赢,赋能区域产业生态。双方通过"企业捐赠设备＋学校承接研发"模式,打通产学研链条:学校获得先进设备、真实案例及企业导师资源,提升师资水平与科研转化能力;企业借助学校平台推广技术标准、储备适配人才(如为智能装备企业定向输送视觉工程师)。例如,工业视觉实训中心落地后,一方面,学生能够直接操作教育版智能制造设备,参与企业项目研发,并在"互联网＋"大赛中斩获国家级奖项,形成"教学—竞赛—就业"的

良性循环；另一方面，企业在这个合作中实现了设备升级、产品推广，并获得了教育化改造后的产品专利。同时，微缩车间模式可辐射中西部院校，通过跨区域资源共享，缓解产业配套不均问题，助力全国制造业协同升级。

二、产教融合三阶组合路径及实践效果分析

深职大人工智能工程技术专业与思谋科技公司的合作，以"需求转化—分层培养—生态协同"为主线，双方在品牌建设、技术应用、产业需求的驱动下，准确抓住校企双方合作契机，形成可持续发展的协同生态。双方的初期合作聚焦物理层面的设备与技术共享，中期合作强调主体间的制度规则设计，高级合作阶段则关注知识创新模式的变革，实现从"物理层融合—制度层融合—认知层融合"的三阶组合（见图 5-1），体现了校企融合从初级到高级的演进深化规律。

初级是物理层合作，也是基础共享阶段，以设备与技术共享为核心特征，通过校企共建实训基地引入工业级机器视觉设备（如智能检测系统）和硬件资源互通解决教学资源滞后问题。此阶段建立信任基础并形成初步供需匹配机制。

其次是制度层合作，这是合作双方规则建构阶段，重点突破组织壁垒，该阶段实现从资源交换到规则共建的质变。

最高级是认知层融合，也是创新协同阶段，该阶段主要形成知识生产共同体，校企双方通过认知范式重构推动教育链与产业链的深度融合。

这种逐层深化进阶路径破解了传统校企合作"重设备轻机制、重形式轻内容"的困境，最终形成教育供给与产业需求动态互给平衡的创新生态系统。

（一）物理层融合：技术教育化改造

加强产教融合物理链接新基建和协同软实力建设是推进产教融合"四链"有机衔接的基础性保障，对化解产教鸿沟现象起到关键性作用[①]。在人工智能产业链深度重构的背景下，深职大与思谋科技创造性地推进物理层融合战略。基于科技企业品牌建设需求与高校人才培养目标的深度契合，双方通过技术教育化改造，将工业生产全要素复刻至教学场域，形成物理空间的叠加形态。这种产

[①] 张庆民，顾玉萍.链接与协同：产教融合"四链"有机衔接的内在逻辑[J].国家教育行政学院学报，2021（04）：48-56.

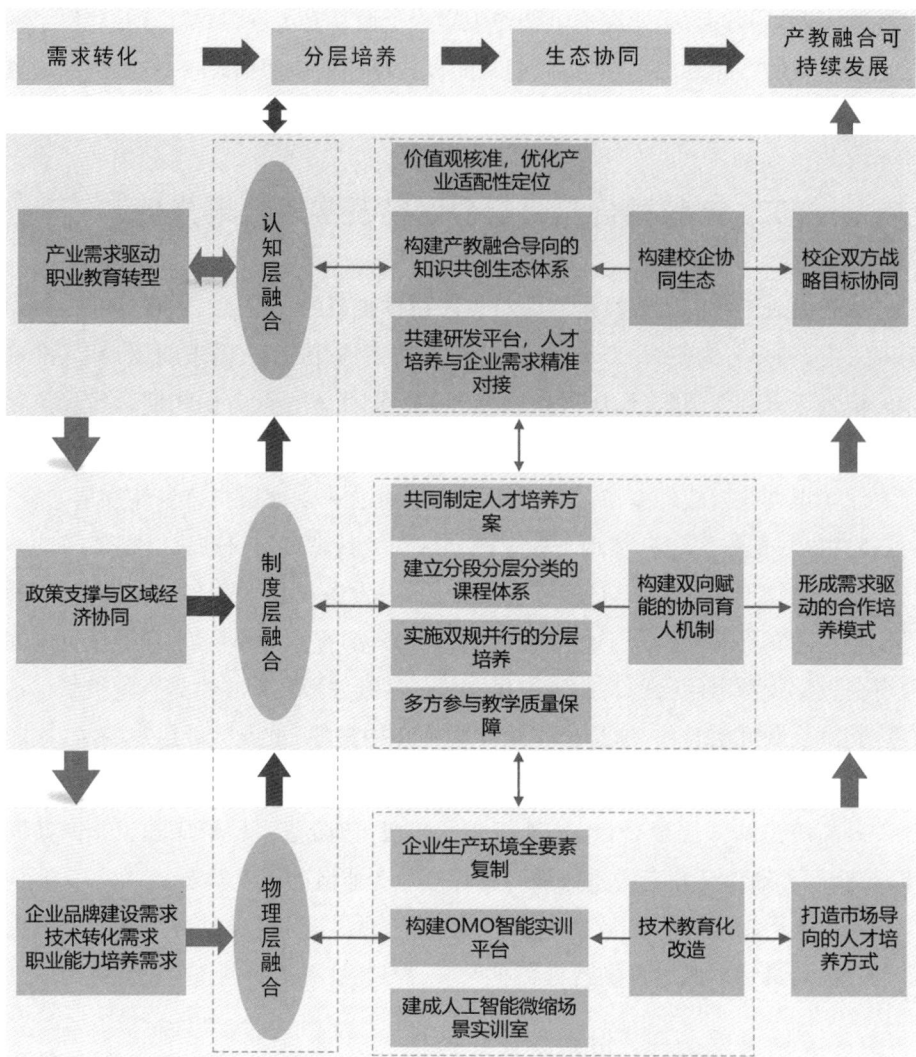

图 5-1　深职大产教融合三阶组合路径模型图

教融合模式不仅构建起企业技术升级的试验平台,更打造出市场导向的人才培养新范式,实现校企资源的最优配置。

为解决理论知识与实践操作脱节的问题,深职大在与思谋科技的合作中采用了技术教育化改造模式,在学校建成了工业视觉智能检测实训室和人工智能微缩场景实训室。其中,工业视觉智能检测实训室配备高性能计算机、英伟达 Jetson 开发板、华为昇腾开发板、工业相机等设备,支持数字图像处理、计算机视觉及深度学习等课程的实践教学；人工智能微缩场景实训室则配置工业相机、光学镜头、六轴机械臂、缺陷检测软件等设施，服务于机器学习、强化学习及智能语音技术等课程的实训需求。这些实训室本质上是技术教育化改造的"微缩工厂"，当前占地约 300 平方米，包含两间教室、八台核心设备、一条模拟生产线和一个微缩车间。为应对数字化转型需求，公司还对实训设备进行了人工智能大模型升级改造。

在校企合作框架下，企业发挥技术优势，学校发挥人员、资源优势，二者相辅相成，实现共赢目标。在分工方面，学校建成配备先进教学仪器设备（如专业操作软件）的智慧化实训基地，并制定完善的实践教学管理制度；企业提供定制化模拟生产场景实训系统，通过线上线下一体化教学模式（如虚拟生产环境模拟）提升教学灵活性；双方共同开发课程体系，将企业真实项目融入教学，并通过实习岗位与研发实践帮助学生接触产业前沿技术。基于二十余年工业技术积淀，思谋科技推出模块化智能制造教育解决方案，构建"示范基地＋虚实实训"的产教融合体系，实现人才培养与产业需求的无缝衔接。该方案深度融合制造业龙头企业的技术标准，打造"理论—实训—评估"全周期培养模式，有效解决职业教育与产业脱节问题。

在实施层面，公司负责搭建了 OMO（Online-Merge-Offline）智能实训平台。线上环节通过虚拟仿真技术拓展实训场景覆盖范围，提供工艺参数优化、数字孪生调试等虚拟仿真训练，实现理论认知与实操能力的螺旋式提升①。在智能制造线下实训过程中，企业为高校配备具有工业一线项目经验的资深教师，通过分阶段教学实现全方位指导。这些教师在不同教学环节开展理论授课与实践指导，建立实时答疑机制，确保学生问题得到及时解决，从而达成高质量的教学目标，形成"学—练—考—评"闭环机制。这种线上线下融合的培养模式，能够有效帮助学生构建理论知识与实践能力的迁移，加速其向智能制造专业技术人才转型。

（二）制度层融合：构建双向赋能的协同育人机制

深化产教融合的主要目标是逐步提高行业企业参与办学程度，全面推行校

---

① 思谋科技 SmartMore.产教融合探新路,思谋科技以智造赋能专业人才培养[EB/OL].(2023-12-15)[2025-03-11].https://zhuanlan.zhihu.com/p/672358719.

企协同育人①。寻求建立制度系统耦合机制成为深职大人工智能学院产教融合发展第二阶段的核心需求。双方在物理层合作后,通过建立分段分类分层的课证融通体系、实施双轨并行的分层培养模式、建立多方参与的教学质量保障制度等途径,最终形成需求驱动的双向赋能协同育人长效机制,实现制度层融合。

首先,建立分段分类分层的课证融通体系。该专业人才培养方案由多所知名院校与企业共同研制,包括中山大学、武汉大学、中南大学等高校,以及深圳思谋信息科技公司等企业;此外,合作企业深度参与课程研发,为专业发展提供坚实保障。课程体系涵盖通识教育、学科基础教育、专业教育、集中实践教育四大类,包含必修与选修两类课程。专业拓展课程设置智能语音技术等多元化方向,集中实践教育包含端侧与云侧开发等必修模块,旨在构建完整规范的专业知识体系,培养学生就业创业的核心能力及职业素养。专业核心教育课程体现较强的学科特征,以计算机视觉为例,学院与思谋科技公司合作开发的实践课程,聚焦图像视频目标检测等,完成计算机视觉系统从需求分析到工程部署的完整开发流程,培养学生具备智能系统开发、算法优化、工程实施等岗位核心能力。整体培养方案以实践为导向,注重知识体系完整性,采用理论与应用结合的教学模式,全面对接产业需求。此外,将企业认证(如华为 ICT 认证)与课程体系深度融合,构建认证标准进大纲、认证模块进课堂、认证考核进学分的课证融通体系,确保教学内容与行业技术同步更新。在实施主体上,由校内教师和企业教师共同实施。

其次,实施双轨并行的分层培养模式。该专业课程体系理论与实践并重,贯穿双轨并行、分层教学理念。实践课程设计体现分阶能力培养路径,具体实施分为三个阶段(见表 5-2):大一开始接触人工智能端侧开发;大二进行边缘侧集成综合项目实践;大三进行云侧优化知识实践。以上内容涵盖了信号处理技术、深度学习、数据库原理与应用以及数字图像处理等课程的核心要点。假期集中实践教育作为能力提升关键环节,设置 28 学分必修课程,包括小学期综合项目实训、岗位实习(含见习与毕业实习)、毕业设计等整周制教学模块,主要由操作能力较强的合作企业导师授课,最后由企业导师负责完成考核评价。实践教学

---

① 国务院办公厅.国务院办公厅关于深化产教融合的若干意见[EB/OL].(2017-12-19)[2025-03-16]. https://www.gov.cn/zhengce/content/2017-12/19/content_5248564.htm.

体系总学时为 3 514 学时,其中实践环节占比 60.19％,实践学分占比达总学分的 53.14％。所有课程均注重理论与实践相结合,通过掌握信号处理、深度学习模型构建与优化、数据库设计管理及数字图像处理等关键技术,为学生职业发展奠定坚实基础。

表 5 - 2　由企业导师主导的集中实践递进式课程设置

课　程　名　称	实践学分	周学时	学周	实践学时	开课学期
人工智能应用端侧部署与开发	4	24	4	96	第一学年小学期
人工智能应用边缘侧集成与开发	4	24	4	96	第二学年小学期
人工智能应用云侧开发与优化	4	24	4	96	第三学年小学期
岗位实习	12	24	24	576	第七—八学期
毕业设计(论文)	4	/	/	96	第七—八学期
总　　计	28学分/960学时				

最后,建立多方参与的教学质量保障制度。主要建立与企业联动的实践教学环节督导制度,强化教学组织功能,定期开展公开课、示范课及专题研讨等教研活动。成立由专业带头人、骨干教师、行业企业专家、校外专家等组成的质量保障小组,建立健全专业教学质量全过程监控管理制度。完善课堂教学、教学评价、实习实训、毕业设计及专业调研、人才培养方案更新、资源建设等方面的质量标准建设。建立规范的日常教学运行与秩序检查动态监控体系,加强日常教学组织运行管理,定期开展课程建设水平与教学质量诊断改进。通过建立巡课、听课、评教、评学等制度,充分发挥专业产学研用指导委员会专家作用。

(三) 认知层融合: 打造校企协同创新生态系统

产教融合的纵深发展进入认知层融合阶段,标志着双方迈入价值共创的高级形态。该阶段突破传统协同模式,着力构建以战略互信为根基、以知识/技能创新为特征的协同创新生态系统。通过优化产业适配性定位、构建知识共创生态体系、建设联合研发平台等方式达到战略目标统一,形成深度协作关系。

首先,通过价值观校准,优化产业适配性定位。职业本科的人工智能专业聚焦产业链基础层,培养"技术服务和运维"型人才,而非研发端高层次人才,精准匹配产业中游需求。现代制造业转型升级面临的核心矛盾是设备迭代周期与人才培养周期存在量级差异。传统职业教育若仅被动适配市场现状(特别是低端岗位需求),将导致人才培养滞后于技术革新,陷入"毕业即技术过时"的困境。为此,人工智能学院通过价值观校准,及时调整优化产业适配性定位,即以前沿技术为导向,聚焦工业视觉算法开发、智能产线运维等高端产业链环节,而非传统设备操作等可替代性岗位,使人才供给成为驱动产业升级的核心动能。

其次,基于创新要素的系统化整合,构建产教融合导向的知识共创生态体系。产业系统的逐利性特征与其对高效率的需求,客观上要求他们在技术、市场、管理等方面不断创新,以赢得竞争优势。这种创新极具现实问题导向特征,是基于企业在生产、管理、营销、宣传等领域实际存在的问题和发展潜力所生发出的创新①。在知识创新与转化维度,校企双方通过岗位画像和课程开发,实现教育链与产业链的有机衔接。具体而言,企业依托岗位胜任力建模方法,结合典型工作任务分析,与院校联合开发岗位导向的模块化课程群。例如,光学工程师培养模块聚焦成像光学设计、设备智能化改造等核心技术领域,课程内容全面对接企业技术标准;运营售后模块则以真实产业项目为载体进行情境化实训,通过构建学习工场培养场景,有效缩短毕业生岗位适应周期。思谋科技与美的集团的"技术＋人才"整体解决方案最具代表性。思谋公司在美的集团的智能设备采购环节,同步输出经企业标准化培训的技术团队(含实习学员),该模式有许多优点,例如为采购方节省岗前培训成本,学生获得真实项目经历并形成核心技术资本,合作院校提升相关专业就业率,最终形成了教育链与产业链的良性互动。

最后,联合建设研发平台,实现人才培养与企业需求的精准对接。认知层面的深度融合不仅推动专业发展向高端领域进发,也催生职业学校与头部企业建立技术联合攻关中心等新型机构,实现人才链、创新链与产业链紧密融合。深职大人工智能学院在此领域做了颇有成效的尝试,例如在与头部企业协同方面,与华为(共建华为云学院鲲鹏中心)、银盛集团等建立联合实验室,构建技术研发—

① 庄西真.产教融合的内在矛盾与解决策略[J].中国高教研究,2019(09):81-86.

教学转化—人才输送全链条合作机制；区域产业融合方面，联合鹏程实验室等本地机构，推进智慧城市等场景的技术落地，并将智能检测模型等成果转化为教学资源①。这种双轨并进的校企合作策略，有效实现了人才培养与企业需求的精准对接。

三、产教融合三阶组合模式的创新举措

产教融合三阶组合模式不仅提升了人才培养的精准度，更通过技术共研与成果共享，实现了校企"双赢"，为职业教育改革提供了可复制的"深职样本"。该模式有如下五大创新：

(一) 开展产教需求驱动的技术教育化改造

在深化产教融合的背景下，校企合作的本质在于实现供需双方的精准对接与双向赋能。以思谋科技与深职大的合作为例，"产业需求反哺教育"的底层逻辑有效解决了企业的用人需求与学校的育人诉求之间的结构性矛盾。从企业视角看，其核心诉求在于降低技术应用门槛、缩短人才培养周期并确保人才技能与岗位需求的无缝衔接；而学校的根本诉求则是将复杂的产业前沿技术转化为可教学的知识体系，提升学生的工程实践能力。

这一合作模式首先通过专业培养团队的市场需求筛选机制实现精准对接。在智能制造、机器视觉等重点领域确立培养方向后，校企双方共同开展产业技术的教育化重构：企业提供光学成像算法、智能检测系统等工业级技术资源；学校则通过技术解构与教学转化，将工业设备(如机械臂、智能传感器)拆解为保留核心技术原理的教学版本。典型实践包括将工业级算法封装为教学工具包以降低学习难度、开发"缺陷检测软件＋机械臂"等实训套件模拟真实生产环境等。

在实践强化环节，"微缩工厂"的创新模式构建了涵盖智能传感器、数字工厂等数十套设备的多样化场景②。这种"学—练—测—考"一体化的闭环训练体系既满足了企业的人才实战化培养需求，又实现了学校实践教学的提质增效。更

① 深圳职业技术大学.深圳职业技术大学人工智能学院及专业简介[EB/OL].(2024 - 03 - 29)[2025 - 03 - 18].https://zhaosheng.szpu.edu.cn/zyjs/rgznxy.htm.
② 思谋科技 SmartMore.产教融合探新路，思谋科技以智造赋能专业人才培养[EB/OL].(2023 - 12 - 15)[2025 - 03 - 11].https://zhuanlan.zhihu.com/p/672358719.

值得关注的是持续迭代机制的形成——通过引入 AI 平台、虚拟仿真实验等前沿技术动态，持续更新课程内容，确保教育供给与产业发展保持同步演进。

这种基于供需匹配的双向赋能机制最终形成了可持续的合作生态：企业获得了适配度高的人才供给和技术推广渠道；学校则显著提升了教学的实用性和就业竞争力；而学生则在这种产教协同育人体系中成长为既懂理论又精实践的高素质技术技能人才。这种深度融合的校企合作范式为破解产教"两张皮"难题提供了可复制的实践样本。

（二）建立双轨并行的分层教学体系

校企合作路径中，学校和企业各自承担不同的职责，共同构建双轨并行的分层教学体系。

学校方面：负责理论教学模块的构建，包括基础课程（如信号处理、高等数学）和核心课程（如机器学习、自然语言处理）的教学，为学生提供扎实的理论基础；定期修订教学标准，确保课程内容与产业需求动态适配，满足行业发展趋势；设计课程、认证一体化机制，将认证内容嵌入课程大纲，如将华为 HCIP - AI 认证内容嵌入"机器学习"课程，实现课程与职业标准的对接。

企业方面：提供实践教学模块，如光学设备操作、算法调试等，通过真实项目案例教学，使学生能够将理论知识应用于实际场景；依托企业设备和技术资源，开展"端—边—云"分层实训，精准对接产业链技能矩阵，形成"理论输入—项目输出"的教学闭环；引入企业工程师参与教学，共同设计课程和实训项目，提供行业前沿技术与经验分享，提升学生的实战能力。通过以上分工协作，学校与企业共同培养具备理论基础和实践能力的人工智能专业人才，实现教育链、人才链与产业链的深度耦合。

（三）完善多方参与的质量评价体系

在校企合作路径中，要明确各方职责以实现最优评价效果，需要构建多方协同的评价体系与运行机制。学院建立企业评价体系和毕业生评价体系，引入第三方评估机制，重点考查学生的工作适应能力、实践能力及知识运用水平；在质量诊断与改进委员会指导下，基于产业调研、毕业生跟踪、企业反馈和技术监测四维数据，持续优化培养目标与课程体系；同时组织教师定期开展产业调研，动态调整专业内涵和课程设置，结合教学平台数据与学生行为分析，运用大数据技术优化个性化教学服务。企业需要定期向学院反馈毕业生的工作表现，提出行业最新用人需求，并参与课程共建，提供典型生产案例以确保教学内容贴合岗位要求。毕业生主动参与跟踪调研，反馈职业发展情况及对课程设置的建议。第三方机构则通过科学方法独立评估人才培养质量与社会需求的匹配度。各方共同建立常态化反馈渠道，制定年度质量报告等定期评估制度，整合企业用人数据、毕业生发展数据和教学行为数据，利用智能分析技术形成闭环优化机制，最终实现人才培养与产业需求的无缝对接，持续提升校企合作育人质量。

（四）实现从物理层融合到认知层融合跃升

学院通过拓展校企合作的维度层级，推动产教融合由初阶物理层融合向高阶认知层融合演进。作为产教融合的初级阶段，物理层融合聚焦基础设施共建共享，典型模式包括共建微缩智能实训室、开放实践车间等实体合作形式。学校方面牵头组建由企业专家参与的专业建设委员会，将行业最新标准动态融入课程体系；开发模块化课程包（如"1＋X"证书课程），推行双导师制，聘请企业技术骨干担任实践导师；同时投入资金、场地，建设智慧教室和虚拟仿真实训中心。企业方面则开放研发中心和生产车间作为教学工厂，设立专项实习岗位和阶梯式实习体系，此外还设立奖学金和技能竞赛基金。在协同创新方面，双方共建产业学院或协同创新中心，联合申报重大科研项目，建立双主体管理委员会；开发校企数据共享平台；联合举办行业高峰论坛和技术研讨会。这种分层推进的合作模式能够实现从基础资源共建、制度标准共定到战略生态共享的进阶深化式合作：学校侧重教育教学改革创新和企业资源转化应用；企业重点提供实践平台和行业引领。以就业实习模块为例，依托与消费电子、新能源、汽车制造及精密工业等战略产业领域头部企业的深度协作，企业方搭建起覆盖研发、生产、质控全链条的实践平台，为在校生提供高质量实习岗位及优先聘用通道[①]，形成"学习—考核—就业"的闭环链路，有效破解传统职业教育与产业脱节的难题。校企双方协同则致力于构建可持续发展的产教融合新生态；通过这种深度协作关系建设，"物理层—制度层—认知层"的三级跃迁才能真正实现。

---

① 思谋科技 SmartMore.产教融合探新路，思谋科技以智造赋能专业人才培养［EB/OL］.（2023 - 12 - 15）
　　［2025 - 03 - 11］.https://zhuanlan.zhihu.com/p/672358719.

(五) 推动产教融合模式迭代升级

教育链和产业链融合是产教融合政策的关键目标,要实现这一目标既要探索建立短期机制,更要加快建立长效机制①。在数字化转型的背景下,突破传统合作界限,深职大产教融合模式经历了系统性升级:校企双方通过需求转化与技术教育化改造,率先构建市场导向的人才培养体系,继而推进制度层面的深度融合,形成双向协同的人才培养机制,最终实现战略认知的全面协同,成功搭建集人才培养、技术研发和社会服务于一体的产教融合生态系统。这种生态共建模式显著提升了校企协同效能,它通过前置企业人力资源规划,精准对接人岗匹配需求,既缩短了毕业生职业适应周期,又提升了人才培养与产业需求的契合度②。这一战略转型突破了传统"企业订单—学校供给"的单向模式,构建起以产业链需求为纽带、资源共享为依托、协同创新为动力的新型合作范式,学校和企业双方实现共赢。学校方面,获得行业前沿的技术标准和真实案例资源,建成包含企业专家的双师型教学团队,开发出对接产业链的专业课程体系,获得企业提供的设备和技术支持;企业方面,获得经过定制化培养的专业人才,提高关键岗位人员的稳定性,获取学校智力支持解决技术难题,实现联合研发成果转化,参与行业标准制定,提高企业品牌知名度。这种从需求转化到技术教育化再到生态共建的产教融合模式,不仅解决了传统校企合作的供需匹配问题,更构建了教育与产业相互促进的新型发展格局。

四、可推广的价值与启示

深职大在校企合作方面形成了多元化的创新模式,人工智能专业以"产业需求驱动、资源深度共享、技术反哺教学"为核心,通过共建微缩工厂、课证融合、联合研发等机制,有效破解了传统职业教育与产业脱节的难题,在产教融合的深度与广度上具有重要示范意义。结合人工智能工程技术专业产教融合三阶组合新模式,归纳出以下可复制推广的策略:

① 万卫、张帆.产教融合政策的目标及其实现条件[J].职业技术教育,2019(15):34-38.
② 梅雄杰、姜嘉伟.产教融合发展模式及其实践——来自深圳职业技术大学的经验[J].深圳职业技术大学学报,2024(04):23-31.

（一）瞄准产业的高端需求，主动与地区经济和行业对接

《纲要》要求完善人才培养与经济社会发展需要适配机制，并超前布局、动态调整学科专业[①]。职业教育要以市场需求为导向，但是低端的市场需求可替代性强，缺少可迁移核心技术能力要求，因此，只有高端的市场需求才能成为职业教育的发展导向。在这种背景下，职业教育办学定位要依据地区前沿需求制定，通过区域适配性调整，确立专业发展方向，确保专业链与区域产业链紧密对接。在此过程中，学校在推进校企合作过程中的责任更加明确，需要主动与地区经济和各行业对接，并体现学校和企业双主体的结合、企业师傅和学校教师双师资的结合、学校课堂和企业生产现场学习的结合，以提升学生核心竞争力及与企业人才需求的适配度[②]。值得注意的是，职业学校在选择合作对象时，要优先考虑与掌握核心技术的中型高新技术企业（或本行业中更具核心技术的企业）合作，而非单纯追求大企业品牌效应。中型企业技术迭代更快、更贴近市场痛点，能提供更具前瞻性的实训场景。学校通过与领军企业合作，综合考虑企业本身、行业发展、产业链条以及整个产业生态，深入挖掘企业的需求和利益点，目标是找到校企双方合作的最大共同利益，并以此为基础，探寻一个以双赢为核心的校企合作长效机制[③]。

（二）重构实践场景，重视技术的深度教育化改造

世界发达工业国家多数双元制职业教育模式都采取"学校理论课程＋工厂实践课程"的教学方式，这种方式适合产业体系成熟的地区和国家，它们既有完善的行业办学制度，又有充足的工业基础支撑办学，但是在地域辽阔的欠发达地区，学校与工厂的分布极其分散，行业办学经验也不足，传统双元制模式很难被借鉴。深职大的技术教育化改造方式正好解决了这个问题，它推行物理层融合战略，基于科技企业品牌建设需求与高校人才培养目标的深度契合，双方通过技

① 中共中央、国务院.中共中央 国务院印发《教育强国建设规划纲要（2024—2035 年）》[EB/OL].（2025 - 01 - 19）[2025 - 03 - 11].http://www.moe.gov.cn/jyb_xxgk/moe_1777/moe_1778/202501/t20250119_1176193.html.
② 余思瑶.高职院校校企协同育人模式的实践探索——以订单班人才培养为例[J].职教论坛,2018 (06)：138 - 141.
③ 梅雄杰、姜嘉伟.产教融合发展模式及其实践——来自深圳职业技术大学的经验[J].深圳职业技术大学学报,2024(04)：23 - 31.

术教育化改造,将工业生产全要素复刻至教学场域,建成学校里的"微缩工厂"。这种产教融合模式不仅构建起企业技术升级的试验平台,更打造出市场导向的人才培养新范式,实现校企资源的最优配置。引入企业真实研发项目作为教学案例(如苹果背板玻璃加工工艺优化),通过项目拆解实现"技术难点教学化改造"。微缩工厂教学场景设计由两大原则主导:一是知识点模块化拆解,将生产线分解为可独立教学的"技术单元",每单元匹配理论知识点与技能认证标准;二是虚实融合,结合数字孪生技术,构建虚拟产线(如通过 AR 还原设备内部工作原理),降低实体设备损耗率,解决中西部院校硬件不足问题。最后需要校企共同构建实践导向的课程体系,开发产教融合型课程与教材,推进理实一体、工学结合、育训互促,确保学生能够获得真实的工作经验[①]。

(三) 突破订单培养局限,推动人才培养方式转型升级

深职大人工智能学院通过构建"智能微缩场景实训室—双轨并行分层教学体系—联合研发平台"三位一体的校企协同育人生态,实现了传统订单式培养模式的转型升级。这种市场导向型人才培养模式在三个维度实现突破性创新:一是打破技术封闭性,提高技能迁移能力。传统校企合作容易局限于培养某一特定企业设备技能,当学生需要跨企业就业时需要重新学习新技术,增加了技能迁移成本,而新的培养理念立足于产业链培养,其技术适应范围更广;二是扩大学生就业范围,减少对合作对象的过度依赖。传统订单式培养限制了学生的就业选择权,削弱了学生的市场竞争力,学生在面临企业转型或者裁员变革时,抵抗失业风险的能力较弱,而新的培养方式能有效降低脆弱性就业比例;三是有利于激发学生的创新能力。传统培养方式专注于培养学生在生产线上的标准化操作能力,忽略了对学生兴趣和创新力的培养,而新的培养方式注重在更高的层面提供可迁移的核心技术训练,提升学生解决复杂问题的能力,培养他们的创新思维。这种从"企业绑定"到"产业链嵌入"的人才培养方式不仅能有效破解订单培养陷阱,更为培养符合产业升级需求的复合型创新人才提供了实践范本。

(四) 创建产教联合体,构建产教双向赋能的协同育人机制

传统职业教育长期面临理论与实践脱节的困境,其根源在于校企间双向赋

① 刘燕,姚冠新.职业本科教育与应用型本科教育错位发展研究[J].职教发展研究,2025(01):41-49.

能机制的缺失。在可持续发展框架下，产学合作伙伴关系构成协同育人的核心支撑，而确保企业参与产教合作项目可持续性的关键，在于统筹企业社会责任履行、社会竞争力提升与社会创新能力培育的三维协同，这需要完善企业动能激发机制与市场需求响应通道①。基于利益共享的合作理念，市域产教联合体与行业产教融合共同体为破解这一困境提供了创新路径。联合体的创建要求牵头院校突破传统实践教学的时空限制和资源边界，通过重构管理机制形成产教融合、科教融汇的多元协同体系②。深职大的实践表明，政—校—企协同育人体系需以制度保障为基石：地方政府可通过税收优惠、设备补贴等政策工具建立激励机制，校企双方则需在硬件投入、课程研发及认证体系等方面形成共建机制，由此打通教育供给与市场需求的双向通道，实现产业链、教育链、人才链与创新链的有机衔接。特别是在人工智能等高新技术领域，该标准化解决方案显著提升了技能人才培养质量。

（五）强化商业信用机制，建立企业背书的校企生态培育系统

企业背书机制通过信用担保与资源协同，构建起校企双元驱动的职业人才培养体系。在职业教育领域，该机制不仅涵盖法律层面的责任转移（如票据背书），更注重品牌价值、技术能力等非财务资源的信用传导。具体实践中，院校为合作企业提供品牌信用担保，企业则为毕业生出具技能水平认证或技能评级，双方依托商业信用体系的共建，形成了可持续的产教协作生态。该模式通过将背书方的行业信誉转化为被背书方的市场竞争力，显著提升人才供需匹配效率，例如优秀毕业生进入合作企业精英人才库，定向输送至产业链关联企业，有效解决中小企业精准招聘的行业需求。此外，学校也可以为企业背书，能将企业技术实力、产品优势、社会服务能力有效转换为企业品牌，提高市场占有率。地方政府或者行业部门需在强化商业信用机制领域提供支持，例如依托信息技术建立地区产教融合大数据平台，促进社会各界信息互通，形成企业背书的校企生态培育系统。

（执笔人：袁礼　卿中全　林丹蕾）

---

① 阙明坤，朱宇洁，陈春梅.如何构建产教融合的职业教育体系——基于澳大利亚产学合作伙伴关系的启示[J].中国职业技术教育，2025(06)：50-60.
② 许建领，李灵莉，卞飞.市域产教联合体建设的应然价值、市域尺度与主要路径——基于深圳职业技术大学的实践与思考[J].职业技术教育，2023，44(29)：6-10.

第六章

产教综合体：实体化、一体化的产教融合新模式

——金华职业技术大学的探索实践

产教融合、校企合作是职业教育办学的逻辑主线，也是打通教育链、人才链与产业链、创新链的重要手段。针对产教融合中教育与经济、供给与需求"两张皮"，学校与企业双主体推动实施的融合格局无法真正建立等问题，金华职业技术大学从体制机制破题，自 2016 年起，依托国家首批产教融合发展工程，投入 2.4 亿元（其中社会资本 1 亿元）建成"智能化精密制造产教园"，打造产教综合体形式的实体化新平台和"产学研训创"一体化新形态，构建"三融三通"产教综合体运行新机制，探索"全链式"产教融合人才培养新模式，形成了高水平产教融合推动高质量人才培养的"金华模式"。

一、产教综合体形成的背景

（一）产业转型亟需产教融合平台新支撑

高端装备产业是浙江省"十四五"重点打造的产业①。金华是浙江第四大都市区，将先进装备制造业列为重点培育的"五大千亿"产业之一，但金华制造业尚处于产业链低端，技术创新能力不强。2021 年初，金华提出"十百千万"协同创

---

① 浙江省经济和信息化厅关于印发浙江省高端装备制造业发展"十四五"规划的通知[EB/OL].(2021-04-23)[2025-04-25].https://jxt.zj.gov.cn/art/2021/4/29/art_1582899_22653.html.

新智造工程行动计划①。打造"产"与"教"实质性融合平台,设置工业机器人、数字化设计与制造等专业,培养支撑电动五金、高端制造等产业转型的智能制造人才,成为地方高职院校应对地方经济社会发展需要的一道必答题。

(二) 多元主体亟需产教融合体制新突破

国务院《关于深化产教融合的若干意见》明确指出,"鼓励区域、行业骨干企业联合职业学校、高等学校共同组建产教融合集团(联盟),带动中小企业参与,推进实体化运作"。以实体化运作方式,搭建具有校企平等话语权的平台,解决企业参与渠道不通畅的问题,是增强企业参与动力、实现产教真"融"的关键②。

(三) 利益双赢亟需产教融合机制新变革

因多元主体的价值诉求存在差异,校企之间时常出现"合而不深""独角戏"问题。如何统一多方利益主体行动,实现生产、教学、研发、培训、创新创业各要素一体化,建构产教深度融合、校企深度合作的常态化机制,实现不同主体的利益双赢,是产教真"合"的关键。

二、具 体 做 法

金华职业技术大学是金华市本级唯一一所公办高职院校,学校始终坚持服务地方、促进就业的办学宗旨,坚持产教融合、校企合作的办学主线③。学校在机械制造与自动化国家高水平专业群建设中,开创性地实施了"产教综合体"建设,在体制上大胆突破,将传统的校企合作从"虚拟"向"实体"突破,学校以场地、技术等入股,吸引企业投资或引入投资基金,共同组建公司化的运营实体,建立企业化的运行制度,实现产教融合的"自我造血";在机制上大力创新,将原来"单一"的基地向"综合"的平台提升,立足"产学研训创"一体化,以产助学、以研促

① 《推进金华市重点细分行业创新智造三年行动计划》政策解读[EB/OL].(2020 - 04 - 10)[2025 - 04 - 25].https://www.jinhua.gov.cn/art/2020/4/10/art_1229759725_1039872.html.
② 匡瑛,朱正茹.从模式走向制度:我国职业教育产教融合的现实转向与实施路径——基于制度理论的分析[J].中国职业技术教育,2025(01):49-57.
③ 王振洪,惠朝阳,田宏忠,等.落实"三融"战略赋能职业教育高质量发展[J].中国职业技术教育,2023(12):5-14.

产,学训结合、训创融合,实现了技术链和人才链的无缝对接,走出了一条实体化运作、一体化提升的产教融合发展新路。

(一) 聚力实体化运作,创建"3＋1＋N"产教综合体新平台

要实现产教融合"真融真合",首先需要搭建政、校、企多元参与的产教融合平台。金华职业技术大学聚焦实体化运作,发挥各方资源优势,探索形成了"3＋1＋N"产教综合体新平台[①]。

"3"是指学生实训中心、技术研发中心和企业技术服务中心3个中心,"1"是指1家学校资产经营公司,"N"是指与企业合作成立的多家实体性公司。在遴选企业或引进社会资本共同建设产教综合体过程中,学校综合考虑目标公司类型、股权结构和发展路径。目前,产教综合体已成立了3家不同类型的合资公司(见图6－1)。

浙江京飞航空制造有限公司。该公司是学校以设备入股,与骨干企业合资成立的生产型公司。该公司与学校共管精密制造实训中心,形成精密零部件规模化生产;校企共建教学车间,数字化专业大二学生实训即实操五轴数控机床等高端设备,企业工程师担任兼职教师,学生毕业可胜任精密零件加工核心岗位;同时学校教师入驻公司担任技术总工,协同企业攻关生产研发,将航空制造工艺、质量管理等真实案例转化为教学资源。

金职液压动力(金华)有限公司。该公司是学校以人员、设备和场地入股,联手海归博士,引入风投基金成立的研发型公司。该公司联合省重点实验室等研发中心,组建"混编"研发团队,开展技术创新和成果转化,并通过科研导师制,组织学生参与样机设计制作、性能测试等项目;在此过程中实现科研反哺教学,培养学生创新科研能力。

浙江星河金职航空科技有限公司。该公司是学校以品牌入股,引入产业基金成立的培训型公司。该公司与学校双方共建航空维修培训中心,学校发挥师资、生源、平台等优势,成功申报"民用航空器维修人员执照"的考证培训资质;企业从资金、外围资源、企业运营经验等方面发力,与校内飞机机电维修专业融通师资和设备,实现民用航空器维修领域技术技能人才培养培训一体化。

---

① 王振洪.“虹吸效应”下中小城市高职院校的办学困境及破解策略[J].中国高教研究,2021(02):91－97.

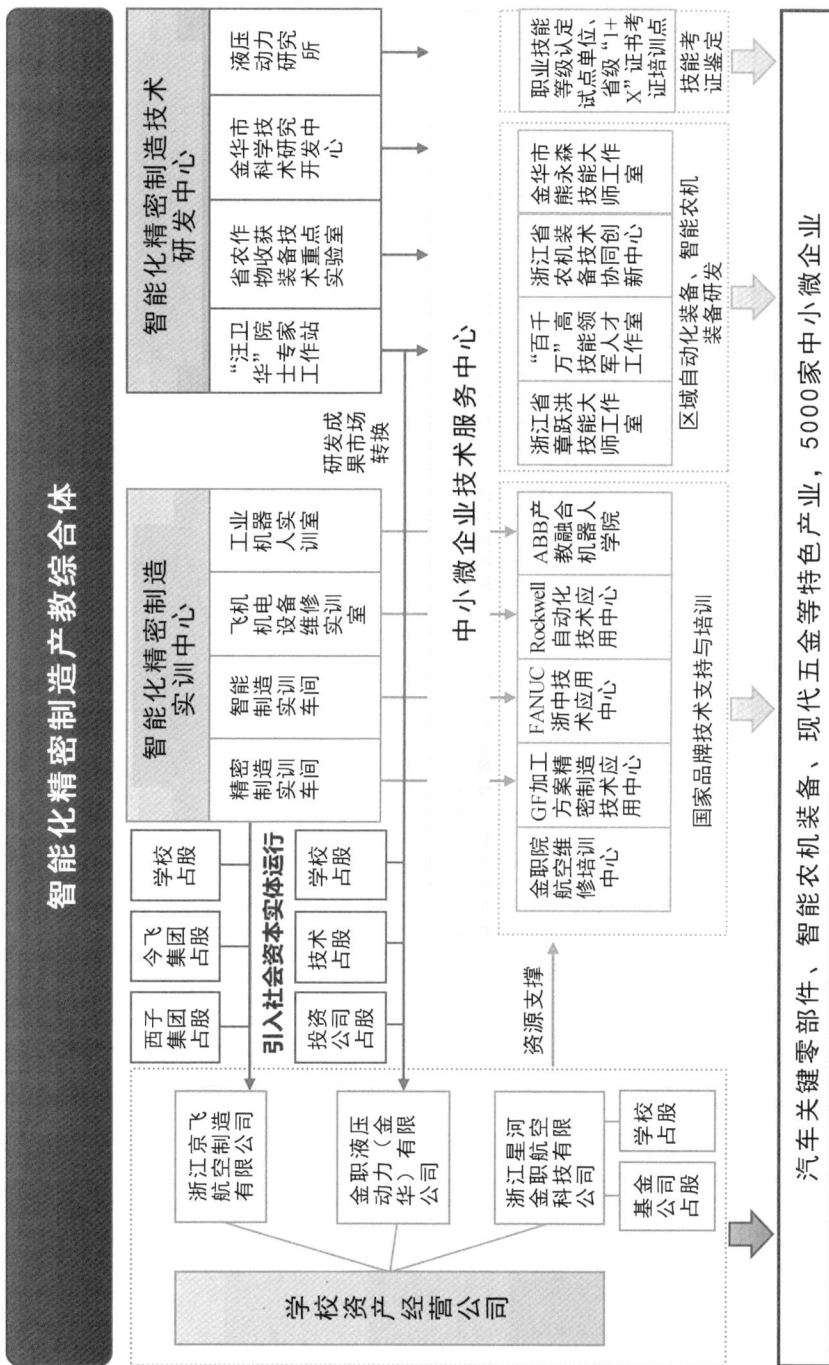

图 6-1 智能化精密制造产教综合体架构

平台建设中,金华当地政府职能由"办"职业教育向"管理与服务"转变,针对产教综合体的实体公司,制定可操作性政策,激发企业办学的积极性。在金融支持方面,对于高端装备制造类产教融合企业,政府分5年每年给予企业1 200万元融资贴息补助和1 000万元的特殊产业补助;在人才引进方面,对于研发型企业所需的高层次紧缺人才给予"一揽子"奖励资助;在资产属性转化方面,因产教融合所需的学校非经营性资产转经营性资产,"一事一议"给予政策支持;此外,政府还在环评、节能等政务审批及完善企业发展环境方面给予帮助。

(二) 聚力一体化提升,打造"产学研训创"产教综合体新形态

产教融合的生态效应在于综合职能的有效发挥,金华职业技术大学以产教综合体平台为支撑,通过强化真实生产、实训教学、科技研发、社会培训、创新创业等产教综合体平台"产学研训创"的一体化建设,制定了《智能化精密制造产教融合实体化企业管理制度》《智能化精密制造产教园关于校企人员双向流动实施方案》等方案,实现了以产助学、以研促产,学训结合、训创融合,形成良性循环(见图6-2)。

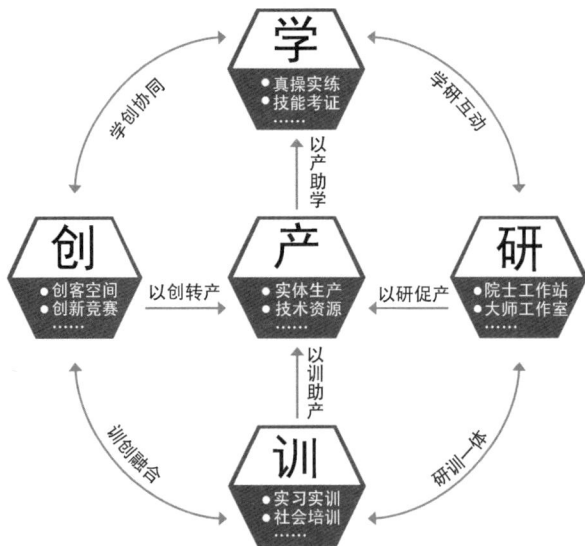

图6-2　智能化精密制造产教综合体"产学研训创"一体化运行模式

1. 围绕协同育人,实现"产学一体"

通过共享设备、场地、师资技术团队、共同制订人才培养方案、共同建立实践

教学体系等手段，校企双方合作，开发了 7 项航空零部件、齿轮数字化生产标准，形成了"航空维修综合项目""智能制造综合项目"等 35 门实训课程、40 本新形态教材，年实训量达 3 000 人次；校企联合申报市级及以上科研攻关项目 10 余项，科研经费达千万，帮助企业攻关或工艺优化 20 余项，目前综合体的三家企业年产值已超 1.5 亿元，推动教学组织与企业生产紧密契合。

2. 依托高端平台，实现"产研一体"

依托产教综合体的省级重点工程实验室、院士工作站、高新技术研发中心等科研平台等，引进高端研究型高层次人才，开展液压柱塞泵、航空制造等核心技术攻关，通过校企导师双向流动机制以及科研导师遴选办法，形成"一对一"导师制，累计已有 12 名"校企导师"。22 名学生进入科研平台担任科研助手，在实践中提高其科研创新能力，为其参加创新创业奠定基础。结合省技能大师工作室、企业技术服务中心等应用技术服务平台，发挥劳模工匠的优势，打造中试小试基地，保障技术研究成果落地，促进学校师生形成"紧跟产业、聚焦创新、保障技能"的产研一体氛围。

3. 聚焦产业技术，实现"产训一体"

依托产教综合体的企业技术服务中心，面向金华智能制造、电动五金等特色产业，开展手板制作、专机研发、精密件加工、数字化设备与工艺改进等技术服务，以实际案例为载体，对内开展项目制、导师制培训，进行拔尖人才培养，对外开展"回炉班"、岗前技能提升等 10 余种特色培训项目，涵盖精密零件加工、电气设计与维修等 20 余个工种，有效助力高端技术人才的输入和稳定。

4. 激发创新创业，实现"产创一体"

通过成立创客空间，开展各项创客活动，充分利用产教综合体实验实训平台的技术和资源优势、师资力量、创新实践教育资源和丰富的创业经验，校企双方共同开展创业活动，培养创新创业人才，同时推动优质项目产业化。2018 年，学校从海外引进了高层次人才朱博士，并依托朱博士个人技术成立了金职液压动力（金华）有限公司，学校以人员、设备和场地入股，引入风投基金成立股份制公司，联合校内专任教师、社会招聘工程师一同组建"混编"研发团队，经过几年的运行，公司所研项目先后入选军委"慧眼行动"、浙江省"尖兵领雁"等省级以上重点领域科研攻关项目。

（三）聚力全方位融通，构建"三融三通"产教综合体新机制

打通产教融合"最后一公里"，在于将研究、生产和教学有效结合起来。金华职

业技术大学依托产教综合体全方位统筹校企资源,探索构建"三融三通"的运行机制(见图6-3)。

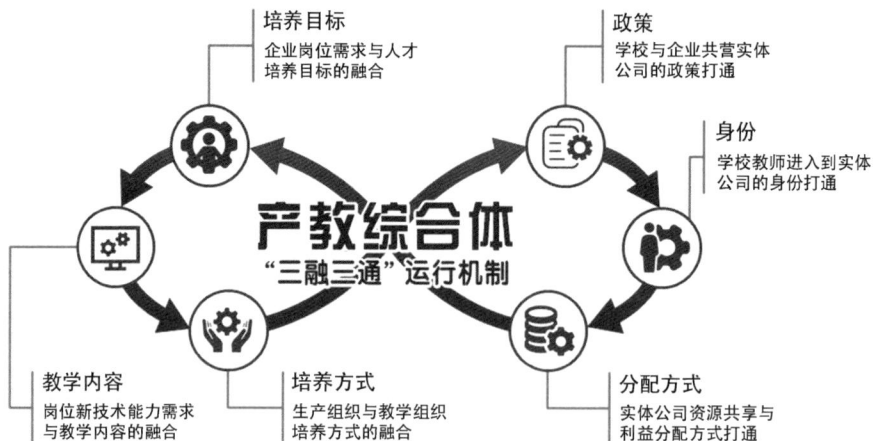

图6-3　产教综合体"三融三通"运行机制图

"三融"是培养目标融合、教学内容融合、培养方式融合。将企业的真实岗位能力需求作为学校的人才培养目标,校企双方共同制订培养方案、设置教学内容和标准,实现培养目标融合;将企业的生产任务和技术研发项目作为学校教学内容载体,校企双方合作开发教学资源,实现教学内容融合;校企双方建立更加弹性的教学组织方式,设计一体化校企学习内容,解决教学安排与企业生产的冲突,实现培养方式融合。

"三通"是将学校与企业共营实体公司的政策打通,即将学校教师进入实体公司的身份打通,将实体公司资源共享与利益分配方式打通。具体做法是:政校企共同成立产教综合体理事会,实现管理平台的政策打通;进入实体公司的学校教职工保留学校人事关系,遵循"职岗对应,岗变薪变"原则,在专业技术职务评聘、岗位晋级等政策上给予突破,实现身份打通,目前已经有3名专业教师通过此方式全职进入合资企业,聘任期满结束后,又回到学校任教,实现了专业能力和岗位晋级的跃迁;各方按占股年度利润分红,学校通过提高设备利用率提升经济效益,综合体内的公司年产值已达1.5亿元,实现了利益分配打通。

(四) 聚力全过程协同,探索"全链式"人才培养改革新模式

产教融合落地于人才培养,关键是实现专业课程链与产业链、创新链更加匹

配[①]。金华职业技术大学积极探索现代学徒制[②]、学研互动的项目导师制和精益求精"职业素养"养成，支撑全链式人才培养。

1. 分层分段，校企协同创新工学交替"现代学徒制"

发挥产教综合体实体化公司场地、技术、设备优势，建成开放式教学实训车间，组建校企无界化"讲师团"，对接企业岗位要求，将人才培养方案中的教学实训项目分为岗位认知与基础训练、技能专项训练、岗位综合实习等模块，学生可以进行模块化选修，教师实施分层教学。前四学期学习基础性专业实践课程，第五学期设置企业真实产品和企业实践内容的模块化选修课，保障"工"与"学"在内容与进程上的衔接，提升岗位能力。

2. 双能并重，校企协同推行学研互动"项目导师制"

对接新技术岗位能力需求，依托产教综合体实体公司，实施校企双导师指导下的"项目导师制"，学校教师负责专业基础课程的知识能力培养，企业导师负责基于生产岗位的实际应用能力培养。将航空零部件制造、柱塞泵研发、车间精益管理等实际案例，经过凝练、派生，再设计成应用创新实践项目，学徒在不同阶段完成量身定制的导师项目，以专利、实物、实施方案等成果形式完成结题。以成果导向激励学徒的创新热情，培养学生创新实践能力（见表 6-1）。

表 6-1　校企导师制下的项目清单（部分）

培养阶段	核心能力	项目名称
基础技能提升阶段	具备基础专业知识能力，如机械加工操作能力、图纸识读能力、设备基本维护能力，了解工业机器人基础编程概念	航空零部件基础机械加工实践项目
		柱塞泵基础零件测绘与制造项目
		车间基础设备操作与维护项目
		工业机器人基础编程与操作练习项目
		……

---

① 杨仁树,焦树强,罗熊."产教融合"构建行业特色高校应用型人才培养新生态[J].中国高等教育,2024(02)：33-36.

② 谭春霞,戴欣平.面向中小企业的"一对多"现代学徒制育人模式探索与创新——以金华职业技术学院为例[J].中国职业技术教育,2021(19)：50-54.

续　表

培养阶段	核心能力	项 目 名 称
专项技术深化阶段	根据项目所需的专业能力,针对性地将前期专业知识转化为应用能力,完成查漏补缺	航空零部件精密加工工艺优化项目
		柱塞泵性能提升关键技术研发项目
		车间精益生产流程再造项目
		工业机器人复杂任务编程与系统集成应用项目
		……
综合能力拓展阶段	学生综合能力培养,主要锻炼学生项目管理、整体规划,创新思维等能力培养	航空零部件制造全流程优化与质量管控项目
		柱塞泵创新设计与产业化应用项目
		车间智能化精益管理体系构建项目
		工业机器人智能制造生产线规划与实施项目
		……

3. 三融教育,校企协同推进精益求精"职业素养"养成

产教综合体已通过行业 AS9100D 质量管理体系标准和 CCAR147 标准认证,学校紧密对接标准,设置贯穿六个学期的"精益管理"课程,将学生跟师实践、课程学习、专业活动等纳入该课程考核,形成工匠精神培育与体系内容、企业岗位训练、课程教学及学生日常规范教育相融合的"三融教育"职业素养养成途径。

三、成　果　成　效

(一) 服务产业贡献突出

依托产教综合体,金华职业技术大学机械制造与自动化专业群参与制定国家和行业标准 15 项、浙江制造团体标准 8 项;年产 50 万件航空部件产品,实体公司年产值超 4 000 万元;年培训超 3 万人次,年均企业服务到款超 1 000 万元;获批省级科技创新项目 43 项,为金华周边近 50 家中小企业提供技术服务,完成

25 家企业的 100 余种产品开发。

（二）教学改革成果丰硕

校企联合主持国家专业教学资源库建设 1 个；出版新形态教材 15 部，其中国家规划教材 7 部，获全国优秀教材奖一等奖 1 项；学校成为教育部精密数控加工、工业机器人操作与运维等"1＋X"证书考证培训基地，学生考证通过率 95％以上；学生获全国职业院校技能大赛等奖项 200 余项。

（三）应用推广辐射广泛

入选全国智能制造产教融合联盟，获评全国示范职业技能鉴定所、浙江省产教融合示范基地、浙江省中小学劳动实践基地。在推进全国职业教育高质量发展现场会等平台进行专题交流 50 余次，《光明日报》《中国教育报》《浙江日报》等媒体对产教综合体进行专题报道，每年有近百家政府部门、中高职院校和行业企业前来考察交流，形成了广泛影响力。

四、经 验 总 结

（一）产教综合体走出了一条产教融合实体化运营的新路径

产教综合体的建设模式破解了产教融合之困，推动了学校和企业进行实质性的资源协同与整合，保证了各方的平等话语权和利益平衡。通过专业企业一体统筹和政策、岗位、利益"三通"制度创新，推动了校企利益、资源、技术和人员的全面融合，打通了产教融合的"最后一公里"。

（二）产教综合体创设了"产学研训创"一体化运行的新形态

以"产"拓维度，促进了人才培养"供给"和产业发展"需求"的有效对接；以"学"把宽度，提升了教学内容的鲜活性和教学组织实施的柔性；以"研"掘深度，推动了专业发展从跟跑产业到并跑、领跑产业的转变；以"训"促强度，深化了课堂教学模式创新和教学资源转化；以"创"提高度，增强了教师服务产业能力和学生工程创新实践能力。

（三）制度创新激发主体活力，构建多元协同治理格局

在产教融合实体化平台的创新实践中，盘活国有资产注入到实体公司十分关键。学校通过"三打通"制度设计激活多方动能：一是打通政策壁垒，争取地方政府出台《产教融合国有资产管理办法》，明确校企资产融合路径；二是打通岗位流通，实施"教师入企、工程师入校"双岗互聘，累计选派 50 余名教师全职参与企业技术攻关；三是打通利益分配，建立"基础工资＋项目分红"激励机制，教师科研成果转化收益提高。同时，构建"管委会＋专业理事会"治理架构，吸纳行业协会、龙头企业参与决策，形成"多元投入、风险共担、成果共享"的治理生态。

（四）生态化平台赋能区域发展，实现教育与产业共生共荣

产教综合体立足金华市产业集群，构建"一综合体多触角"服务网络。通过建设智能制造、现代服务等 6 大产教融合平台，形成"教育赋能产业升级—产业反哺教育创新"的模式。通过为中小企业提供技术改造服务，创造经济效益；联合行业协会开发"智能制造工程师"等新职业标准，推动区域职业资格认证体系建设。这种产教融合生态化发展模式不仅提升了学校的社会服务能力，更成为区域经济高质量发展的"人才泵"和"创新源"，实现了教育价值与产业价值的深度融合。

五、推 广 应 用

本案例的实践成果具有普遍适用性，适合在职业院校、职教本科、应用型本科等院校推广，尤其适合在实体化产教融合平台建设与运行体制机制创新、校企协同人才培养改革等方面应用推广。借鉴应用的学校需具有一定规模的产教融合建设场地、相应的师资团队、有产教融合项目建设经费，能取得地方政府的相关政策支持。应用时，产教融合的专业方向应与区域重点产业发展方向相匹配，选择合作企业时应充分考虑其行业优势和教育情怀，并事先约定融合的权利和义务。

（执笔人：戴欣平　吕昊威）

第三部分
专 题 研 究

第七章
职业本科和专科人才培养目标之异同
——以机械设计制造类专业为例

职业本科教育自出现以来，其与职业专科教育的关系就成为各界关心的议题。作为教育活动的出发点和落脚点，人才培养目标在职业本科教育过程中具有指导、评价、诊断、反馈等多重功能，成为观察职业本科教育与专科教育关系的关键视角。本章以职业本科机械设计制造类专业为例，通过对专业负责人访谈资料和人才培养方案的质性分析，发现其人才培养目标定位于培养能适应基础岗位及核心岗位需求的人才。基础岗位着重于操作技能的掌握，核心岗位则强调运用理论知识解决实际问题的能力。为了满足这些岗位的需求，职业本科学生应具备个人效能胜任力、专业胜任力、工作场所胜任力、制造业通用胜任力、制造业部门胜任力。从对基础岗位能力的重视上来说，职业本科与专科没有差异，但在核心岗位任务的深度与广度、复杂性与责任承担、技术应用与创新等方面，职业本科相较于专科展现出明显的高阶性。

一、问 题 提 出

培养目标是"在培养学生的素质（德、智、体、美、劳诸方面）和规格（培养过程完成后，学生所能从事的工作类型和层次）方面的目标"[①]，它是教育活动的出发点和落脚点，具有指导、评价、诊断、反馈等多重功能。因此，培养目标管理成为人才培养质量管理的首要任务。在我国 51 所本科层次职业大学中，42 所是由

---

① 　教育大辞典编纂委员会.教育大辞典(第 3 卷)[Z].上海教育出版社,1991:10.

专科升格而来,其中绝大多数在发展职业本科教育的同时,仍然保留职业专科教育。在职业本科教育和专科教育并存的背景下,凸显职业本科培养目标的高阶性,避免职业本科教育被办成职业专科教育的"拉伸版",不仅是产业转型升级发展的迫切需要,而且是构建现代职业教育体系的应有之义。

机械设计制造是我国现代工业体系的基石,是经济发展和产业升级的引擎,也是物质生活的根本源泉和国家安全的重要保障;机械设计制造专业人才是机械行业发展的关键,也是本科层次职业大学大力培养的对象。机械设计制造及自动化、智能制造工程技术作为机械设计制造类中的两大专业,在本科层次职业大学得到大量开设。据统计,2024年有23所本科层次职业大学设置了机械设计制造及自动化专业,占本科层次职业大学总数的45%,22所职业本科高校设置了智能制造工程技术专业,占本科层次职业大学总数的43%,其中有13所大学同时设置了这两个专业。[①] 因此,机械设计制造类成为考察职业本科培养目标高阶性问题的代表性专业类别。

本章聚焦本科层次职业大学机械设计制造及自动化、智能制造工程技术两个专业,通过构建职业本科机械设计制造类专业的岗位和胜任力模型,分析岗位和胜任力的基本特征及其与职业专科的异同,以期为职业本科专业培养目标的准确定位及有效教育实践提供启发。

二、研　究　方　法

本章选择5所优质本科层次职业大学的机械设计制造及自动化、智能制造工程技术两个机械设计制造类本科专业作为研究对象。这些大学来自河北省、江苏省、广东省和山东省,其中公办4所、民办1所;其中4所大学同时设有机械设计制造及自动化和智能制造工程技术专业两个本科专业。

本章采用半结构化访谈与实物资料相结合的方法进行资料收集。通过对专业负责人的访谈,探究本科层次职业大学机械设计制造类专业毕业生的岗位面向以及胜任力要求。共访谈机械设计制造及自动化专业负责人2位、智能制造工程技术专业负责人3位。同时,收集和分析5所学校两个专业人才培养方案

---

① 数据来源:本研究根据各校招生官网数据整理。

中有关岗位和胜任力的要求内容,以与访谈资料互证。在资料分析阶段,以职业带理论和行业胜任力模型(Industry Competency Models)[①]为框架,采用主题分析方式对访谈和文本资料进行编码分析,得出职业本科机械设计制造类专业的岗位面向和胜任力模型。

三、职业本科人才培养目标的构成及特征[②]

如前文对培养目标的定义,人才培养目标体现在岗位面向和岗位胜任力两个方面。本章基于访谈资料和专业培养方案文本的编码,发现职业本科机械设计制造类专业的岗位面向可分为基础岗位和核心岗位,胜任力由基础胜任力和制造业胜任力组成。下面对职业本科机械设计制造类专业人才培养目标的构成和特征展开分析。

(一) 岗位面向

1. 基础岗位

在职业分类大典中,技术领域的基础岗位一般称为"某某工"或"某某员",如"机修钳工""制图员"等。机械设计制造类专业的基础岗位主要涉及机械制造基础加工人员、生产辅助人员、制图员。

机械制造基础加工人员是指从事工件冷加工、热加工、表面处理及工艺装备与工具制造的人员,多工序数控机床操作调整工、增材制造设备操作员等是这类人员的典型岗位。作为多工序数控机床操作调整工,毕业生在职业初期主要操作数控机加工生产线、数控组合机床、复合机床和加工中心等,进行工件加工,其中很多任务通过操作触摸屏进行。增材制造设备操作员从事增材制造设备安装、调试、维修和保养,进行生产操作工作。有的专业致力于"3D 打印工程师"的培养,其工作职责包括"负责 3D 打印设备的使用操作""3D 打印设备日常维护、保养""3D 打印模型的数据前处理"与"模型的后处理"等。生产辅助人员以工业机器人装调维修工、操作调整工等为代表,主要从事机器人的安装调试、操作与运行监控、维护保养、故障诊断维修、程序优化与技术支持等。制图员属于行政办事

① Understanding and Using Nationwide Industry Competency Models. The Building Blocks Model[EB/OL]. [2024 - 7 - 1]. https://rise.articulate.com/share/riAe8VynkLO6VhXnemJor9AhFeBhlYZk♯/lessons/Z5gX0NjUe7ddOS80QmtZj3p6znmYJ_bl.
② 高天逸.职业本科大学工科专业人才培养目标研究[D].上海:上海交通大学,2025:37 - 84.

及辅助人员的典型岗位,主要任务是在产品设计阶段使用绘图仪器、装备,根据工程或产品的设计方案、草图和技术性说明,绘制技术图样,辅助设计人员工作。

上述岗位工作的特点是任务复杂程度相对较低,对理论知识和思维能力要求有限,但对操作技能要求高。尽管国家职业标准对从事基础岗位人员的文化程度要求仅为高中毕业或同等学力,①但由于这些岗位是机械设计制造工程生命周期的基础性环节,对机械设计制造专业技术核心岗位具有重要的支撑作用,因此职业本科依然将其作为机械设计制造类专业培养目标的重要组成部分。即便职业本科机械设计制造类专业毕业生不打算把基础岗位作为未来职业目标,但也要具备这些基础岗位所要求的操作技能。

2. 核心岗位

经过在基础岗位的锻炼后,机械设计制造类专业毕业生进入核心岗位。机械设计制造类专业的核心岗位主要包括机械工程技术人员、数字技术工程技术人员、检验工程技术人员和管理工程技术人员。

机械工程技术人员是指从事机械设计与制造,仪器仪表设计、制造和设备管理的工程技术人员,具体包括机械设计工程技术人员、工业/产品设计工程技术人员、机械制造工程技术人员、设备工程技术人员、自动控制工程技术人员。机械设计工程技术人员的主要任务是研究和设计机械设备;研究和设计机械零部件;研究和设计电力拖动和控制系统;研究和设计机电一体化系统……工业/产品设计工程技术人员的主要任务是进行用户研究和产品功能定位;根据客户的具体要求完成产品的设计工作;负责生产转化、技术规范制定工作;进行由整体到细节、由实体到交互、由材质到语意的产品载体形态创意设计。机械制造工程技术人员的工作任务是将原材料、半成品进行加工和处理,制造成合格产品。在此过程中,制定合理的工艺流程、设计适配的夹具以及选择恰当的机床,对于机械制造环节而言至关重要。设备工程技术人员的主要任务是编制安全操作规范、标准化检测作业单、保养计划等设备文件或指导书,到现场提供设备售后技术支持及维修服务。自动控制工程技术人员负责自动化装置与系统的设计、编程、加工、安装、测试及维护工作。数字技术工程技术人员的核心岗位是智能制造工程技术人员,主要工作任务是设计、安装、调试、运行和维护智能制造设备及

① 国家职业技能标准查询系统. 国家职业技术技能标准[EB/OL]. (2021-02-03)[2024-11-14]. http://www.osta.org.cn/skillStandard.

生产线,指导自动设备进行加工等。管理工程技术人员的主要任务是负责工程项目团队建设、组织模式构建、资源流动、成本管理和经济决策等。

相比基础岗位,核心岗位工作的专业技术性明显增强。从产品生命周期角度看,机械设计制造类核心岗位涉及研究、设计、制造、运行、维护等产品过程,虽然其中仍然涉及安装、调试、维护、保养等操作任务,但运用学科专业知识、跨学科知识开展工作的要求显著增加,这对人员的理论知识及其应用能力提出了更高要求。相比基础岗位,国家职业标准对这些核心岗位人员的学历门槛要求为大学专科学历(或高等职业学校毕业),其实质是核心岗位对理论知识重视度的增加。

(二) 胜任力构成

在理论编码层面,机械设计制造类专业人才培养目标包含个人效能胜任力、专业胜任力、工作场所胜任力、制造业通用胜任力和制造业部门胜任力五大层次,各层胜任力内涵如表 7 - 1 所示。根据这五层胜任力的适用范围,可将其分为基础胜任力和制造业胜任力。

表 7 - 1　主轴编码及理论编码

主 轴 编 码	理 论 编 码	理论编码释义
思想政治素养	个人效能胜任力	与劳动者的个人特质及"软技能"相关的胜任能力,社会中的所有成员均应具备此类能力
规范意识		
专业发展能力		
专业性		
劳动素养		
工作可靠性		
国际交流能力	专业胜任力	一种主要在学校环境中习得的关键能力,涵盖了可能适用于众多行业的认知技能和思维模式
表达与沟通能力		
理论知识		
批判与分析性思维		
信息技能		

续　表

主 轴 编 码	理 论 编 码	理论编码释义
团队能力	工作场所胜任力	有助于个人在职场中发挥效能的胜任能力
创造性思维		
使用工具和技术		
可持续实践		
产品设计能力	制造业通用胜任力	在制造业领域,从业者必须掌握的核心能力涵盖了各种通用的工作职能以及技术要求,使得个人能够在不同行业部门之间进行流动
工艺设计能力		
运营管理能力		
维护安装与修理技能		
质量保证能力		
先进制造技术应用	制造业部门胜任力	在制造业领域,各个具体部门的员工应具备的专业能力
智能制造应用		

1.基础胜任力

基础胜任力是适用于全体社会成员、受教育者与职场劳动者的一般能力,也是职业本科机械设计制造类专业的重要培养目标。基础胜任力包括个人效能胜任力、专业胜任力、工作场所胜任力。

个人效能胜任力涵盖思想政治素养、规范意识、专业发展能力、专业性、劳动素养和工作可靠性等五方面。规范意识要求工程人员依法确保安全和产品质量,保护专利权和商业秘密,尊重他人创新并避免不正当竞争,遵守公平、正义的道德准则和诚实、客观、公正的工作态度;专业发展能力要求工程技术人员具有主动学习、自主学习和终身学习意识,具备运用适当的学习策略获取和应用新知识的能力;专业性要求工程技术人员具有积极的心理和行为习惯,展现优秀的工程精神;工作可靠性要求工程技术人员在实践中应严谨负责,忠于职守,追求卓越,不断精进技术。

专业胜任力包括国际交流能力、表达与沟通能力、理论知识、批判与分析性思维、信息技能和人文素养。国际交流能力要求工程技术人员具有全球意识，能够尊重世界文化的多元性和差异性，并有效地使用不同语言进行交流。表达与沟通能力要求工程技术人员能够撰写规范的工程报告、设计文稿及技术文档，并能通过演讲、答辩等方式清晰陈述观点。批判和分析性思维要求工程技术人员独立思考，多角度、辩证地看待问题。信息技能要求工程技术人员运用信息技术识别、定位、评估、组织和有效创造、使用和沟通信息。人文素养要求将人文知识内化为工程技术人员的精神品质和行为习惯，使工程技术人员理解工程造福人类的根本属性和社会责任。

工作场所胜任力包括使用工具和技术、团队能力、创造性思维、可持续实践。使用工具和技术要求工程技术人员开发、选择与使用恰当的技术、资源、现代工程工具和信息技术工具。创造性思维意味着工程技术人员要突破传统边界、应对复杂挑战。可持续实践要求工程技术人员要承担社会、自然可持续发展的责任。

2. 制造业胜任力

除基础胜任力外，机械设计制造类专业人才还应具备通用胜任力和部门胜任力两个层次的制造行业胜任力。

制造业通用胜任力是制造业大类从业人员所必须具备的知识、技能和素养要求，包括产品设计能力、工艺设计能力、运营管理能力、维护安装与修理技能、质量保证能力。产品设计能力是一种将市场需求、用户洞察与技术可行性转化为具体产品方案的能力，它贯穿从概念构思到量产落地的全生命周期，是连接商业价值与技术实现的创造性思维体系。产品设计能力包含机械制图、产品及零部件设计、产品全周期设计等能力及美学素养。工艺设计能力是指将产品设计方案转化为实际可制造、可量产、经济高效且质量可控的工艺方案的综合能力。它贯穿于从产品概念到实际生产的全流程，是连接研发与制造的核心纽带。它涉及技术转化、跨领域的知识整合、系统化思维、创新与问题解决、成本与质量控制等知识和能力。运营管理能力涉及装备控制技术、制订技术规程、现场管理、工程业务管理等能力。维护安装与修理技能是一种进行工艺装备与产线安装、维护和修理的能力，与设备工程技术人员的典型工作任务密切相关。质量保证能力是指通过一系列有计划、有组织的活动，确保产品在设计、开发、生产、安装和服务等各个阶段都能够满足既定的质量标准和相关质量体系要求的能力。

制造业部门胜任力是制造业特定部门对人员提出的能力要求。该胜任力层次主要包含先进制造技术应用、智能制造应用两个维度,分别对应于机械设计制造及自动化、智能制造工程两个专业领域的胜任力。先进制造技术,亦称特种加工技术,这是一种通过多种物理和化学手段直接作用于加工对象,实现材料的变形或性能改变。该技术能够完成传统加工方法难以达成的工艺要求。例如,激光加工技术利用激光束照射工件,导致工件局部熔化或分离,展现出易于控制、材料变形微小、无工具磨损等显著优点。智能制造应用涉及智能制造系统设计和智能制造生产管理技术。

(三) 人才培养目标的主要特征

1. 基础岗位和核心岗位并重

职业本科机械设计制造类专业毕业生所面向的岗位不仅包括善于操作的基础岗位,还包括能将理论知识运用于机械设计、制造和管理的核心岗位。在职业带层面,该专业面向的岗位显示出更宽的职业条带。基础岗位(包括机械制造基础加工人员、生产辅助人员、制图员等)的主要任务是在生产一线操作机械设备,对从业者的操作技能要求高。相对而言,核心岗位(包括机械工程技术人员、数字技术工程技术人员、检验工程技术人员和管理工程技术人员)的工作任务更为复杂,设备操作任务相对少,但对专业知识水平和管理能力提出了较高要求。

与应用本科院校机械设计制作类专业将基础岗位作为向核心岗位过渡的"垫脚石"不同,职业本科院校机械设计制造类专业将基础岗位和核心岗位均作为自身目标并给予同等重视。换言之,职业本科院校仍然保持了注重基础技术技能训练的职业教育传统,体现了职业教育的类型本色;同时,向核心岗位延伸,强化理论知识的学习及其实践运用,以体现作为本科层次的理论要求。这一特点使得职业本科机械设计制造类专业所培养的人才能够适应从操作、检验、设计到管理的各类岗位任务,具有更加广泛的社会适应性。

2. 通用能力受到重视

通用能力亦称 21 世纪能力、就业能力、可迁移能力、核心素养等,是"毕业生处理复杂和不确定情况所需的、超越特定学科专业领域的知识、技能、才能、态度和个性特征的总和,可被应用于各种不同的职业环境"[①]。在机械设计制造行业

① 余天佐,顾希垚.工科毕业生通用能力失配的现状与影响因素[J].高等工程教育研究,2022(05):43-49.

胜任力模型中,从第五层制造业部门胜任力到第一层个人效能胜任力,胜任力的通用性逐渐增强,适用的人群逐渐扩大。其中第一层到第三层,即个人效能胜任力、专业胜任力和工作场所胜任力统称为基础胜任力,其适用范围广泛,可被视为通用能力。这些能力的通用范围和获得途径不尽相同。第一,个人效能胜任力的适用范围最广,其中属于个性品质和心理范畴的诸如"诚信""自控力""主动性""坚持不懈"等,可在家庭或社区中习得,并在学校和工程场所得以强化。第二,专业胜任力属于心智范畴,其核心是思维认知能力。它是进一步获得工作场所胜任力和行业胜任力的基础,主要通过学校环境习得。第三,工作场所胜任力主要适用于职场,其形成很大程度上需要通过工程实践,既包括职前的实践教育,也包括职后的实践锻炼(见图7-1)。

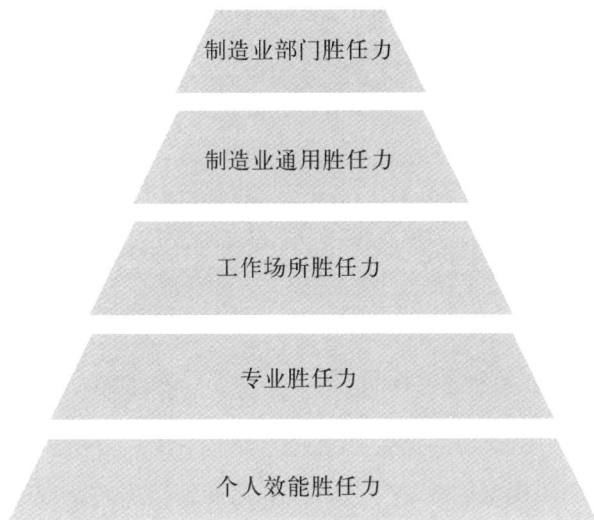

制造业部门胜任力

制造业通用胜任力

工作场所胜任力

专业胜任力

个人效能胜任力

图7-1　机械设计制造行业胜任力模型

对通用能力的特别强调,是由现代工程的基本特性所决定的。第一,现代工程要求对不同学科的知识和技术进行集成和创新,而这需要不同学科背景的人员进行有效沟通和合作,还需要具备创造性思维和创新能力。第二,现代工程建立在科学理论知识的运用演化基础之上,同时包含自然、科学、技术、社会、政治、经济、文化等诸多因素,这要求专业技术人员具备多学科专业知识,包括人文社科知识。[1]

---

[1]　殷瑞钰,汪应洛,李伯聪,等.工程哲学(第三版)[M].北京:高等教育出版社,2018:93-99.

从外部环境看,随着人工智能时代的到来,专业技术更迭和人员职业流动进一步加快,通用能力被视为当前和未来社会个人取得职业成功、国家取得经济繁荣的必备能力,[①]因而受到世界各国和国际组织的高度重视。例如,联合国《2030年教育行动框架》提出了批判性思维、问题解决、创造力、团队合作、沟通与冲突解决等一系列通用能力要求,以支持学习者和劳动者取得良好表现。[②]在澳大利亚、英国、马来西亚等国家和中国香港地区,大学越来越重视大学生通用技能培养,讨论焦点也已转向通用能力在课程中的融入、实施和评估等议题。[③]

3. 数智化转型特征明显

在机械设计制造类专业的目标岗位中,自动控制、工业设计、智能制造工程技术人员,以及工业机器人系统操作运维人员等岗位,作为顺应产业转型升级的产物,现已成为我国职业分类大典中的数字职业。其中,工业机器人系统操作运维人员、智能制造工程技术人员,分别是人力资源和社会保障部于 2019 年和 2020 年发布的新职业。这些数字职业的岗位任务体现出复合化和高端化的趋势:传统行业中的维护、产品设计、工艺设计和管理工作分属于机械设计、机械制造、设备工程等多个岗位,而这些任务在智能制造工程技术人员岗位得到了整合,不仅在生产环节上发生了去分工化,也使岗位层级走向扁平化,不再区分生产辅助人员、技术人员和管理人员等各个层级。

岗位的数字化和智能化,对机械设计制造类专业毕业生提出了更高要求,他们不仅要具备高端操作技能,还要具备先进技术的较高应用水平[④]。《专业教学标准》对此作出明确规定。两个专业的教学标准都指出,"掌握信息技术基础知识,具有适应本行业数字化和智能化发展需求的数字技能"。制造工程技术专业对此要求更加具体明确:"掌握工业互联网应用、计算机编程语言程序设计、工业大数据挖掘分析与处理等技术技能,具有实施工业智能计算应用与网络协同制

① 邓莉.如何在教学上落实 21 世纪技能:探究性学习及其反思和启示[J].教育发展研究,2017,37(8):77-84.

② UNESCO. Unpacking Sustainable Development Goal 4: Education 2030: guide[EB/OL]. (2024-10-05) [2024-11-14]. https://unesdoc.unesco.org/ark:/48223/pf0000246300.

③ CHAN C, FONG E, LUK L, HO R. A review of literature on challenges in the development and implementation of generic competencies in higher education curriculum[J]. International Journal of Educational Development, 2017(09): 1-10.

④ 徐国庆.智能化时代职业教育人才培养模式的根本转型[J].教育研究,2016,37(03):72-78.

造的能力；掌握智能产线数字化设计、智能车间工艺规划与仿真等技术技能，具备智能车间产线布局规划与实施的能力。"机械设计制造及自动化专业则规定："掌握先进的工业软件和数字化设计基础知识，具有数字化设计与制造、操作、编程与应用智能制造装备和生产线进行智能加工的能力。"

四、职业本科与专科人才培养目标的关系

（一）二者均强调基础岗位的重要性

考察职业教育专业教学标准可以发现，将注重操作技能的基础岗位列入毕业生的培养目标，是我国中、高等职业教育的共同选择和共识。在中等职业教育阶段，基础岗位是毕业生主要的从事岗位。根据中等职业教育专业教学标准，机械设计制造类的五个专业（包括机械制造技术、机械加工技术、数控技术应用、模具制造技术、增材制造技术应用）主要面向通用基础件装配制造人员、金属加工机械制造人员、机械冷加工人员、车工、铣工、工装工具制造加工人员、机械设备修理人员、增材制造设备操作员等岗位。各个岗位的具体任务不尽相同，但就任务的性质而言，则具有共同特征，即强调设备操作与维护、工艺实施与优化、产品质量检测、零部件装配与调试。

事实上，基础岗位也是职业专科教育目标的组成部分。例如，某本科层次职业大学机械设计与制造专业（智能制造方向，专科）明确其人才培养目标是："立足智能制造，在电子信息、消费电子、家电、机械、轻工、医疗以及 3C 行业等传统或高新技术企业从事机械绘图、产品设计、装备设计、模具设计、项目管理、生产管理、数控加工与编程、测量与检验、智能生产线维护、零部件采购以及产品营销等各个岗位工作的高素质技术技能人才"。尽管该专业重点面向机械设计岗位，但有关机械绘图、加工、测量、检验、维护等岗位则更多属于操作性的基础岗位，这一点同样体现在《职业教育专业教学标准》（专科）中。[①] 这说明，职业专科教育与中等职业教育在岗位面向上存在一定重合性。

尽管《职业教育专业教学标准》（本科）未提及基础岗位相关要求，但如前文

---

① 教育部.职业教育专业教学标准-2025 年修（制）订［EB/OL］.（2025－02－11）［2025－04－27］.
http://www.moe.gov.cn/s78/A07/zcs_ztzl/2017_zt06/17zt06_bznr/bznr_zyjyzyjxbz/.

所述,职业本科机械设计制造类专业对机械制造基础加工人员(如增材制造设备操作员)、生产辅助人员(如工业机器人装调维修工、操作调整工)、制图员等基础岗位还是做出了要求。与其说这是对职业本科人才培养目标设定的低化,不如说是机械设计制造行业全生命周期的内在要求。机械产品的开发与生产是一个复杂且系统化的过程,通常包括概念设计、详细设计(包括结构设计、图纸绘制等)、工艺设计、原型制造与测试、批量生产、市场投放与用户支持、使用与维护、报废与回收等多个关键环节。在产品的整个生命周期中,绘图、加工、测试、检验、维护等操作技能对于将设计构思转化为实际产品至关重要,即便是设计岗位的人员也应熟练掌握这些技能,至少对此保持熟悉。换言之,基础岗位对于机械设计制造类专业人才具有基础性作用,是职业本科教育和职业专科教育的共同培养目标。

(二) 核心岗位任务和能力呈现差异性

在机械设计制造类专业,职业本科的核心岗位主要包括机械工程技术人员、数字技术工程技术人员、检验工程技术人员和管理工程技术人员,这与《职业教育专业教学标准》(专科)所规定的职业类别——机械设计工程技术人员、机械制造工程技术人员、质量管理工程技术人员、机械冷加工人员四种,在名称上大同小异。二者的区别更多体现在岗位任务及胜任力方面。以某本科层次职业大学的智能制造工程技术专业(本科)、机械设计与制造专业(智能制造方向)(专科)为例(见表 7-2),对此加以说明。

表 7-2　某大学职业本科专业和专科专业培养目标的对比

对比维度	机械设计与制造专业(智能制造方向)-专科	智能制造工程技术专业-本科
核心岗位	偏重机械绘图、产品设计、装备设计、模具设计、项目管理、生产管理、数控加工与编程、测量与检验、智能生产线维护、零部件采购以及产品营销等技术岗位	覆盖系统设计与开发、工程应用研究、系统集成与调试、应用维护、技术支持、运营管理等技术岗位,包括智能制造装备与产线集成应用工程师、产品设计及工艺规划工程师、制造车间及产线设计工程师、装备与产线智能运维工程师、制造生产管控工程师、制造系统架构工程师、制造咨询与服务工程师

续　表

对比维度	机械设计与制造专业(智能制造方向)-专科	智能制造工程技术专业-本科
培养定位与层次	侧重一线技术操作与工艺实施,培养"创新型高素质技术技能人才",目标岗位更贴近生产现场	定位为高层次技术技能人才,强调复杂工程问题解决能力,覆盖系统设计、开发与管理,职业层级更高
核心能力侧重点	聚焦机械设计基础能力(如制图、结构设计、机电设备选型)与工艺执行(如数控加工、质量检验)	强调系统级能力:包括智能制造车间布局优化、工厂数字化转型的 IT 技术应用、信息化管理及系统集成调试能力
技术应用范围	以具体制造技术为主(如数控编程、3D 打印),关注单点技术操作与产品实现	扩展至信息技术与制造融合,如工业物联网(IIoT)、大数据分析、MES(制造执行系统)应用,注重全流程优化与智能化管理
问题复杂度	主要解决常规技术问题(如工艺改进、设备选型),侧重单一环节优化	需应对复杂工程问题(如车间布局优化、多系统集成调试),强调整体解决方案设计与跨学科协作

数据来源:智能制造工程技术(https://zhaosheng.szpu.edu.cn/zyjs/bkzyjs.htm,机械设计与制造 https://zhaosheng.szpu.edu.cn/zyjs/jdgcxy.htm#jd_3)。

第一,岗位任务深度与广度不同。职业本科岗位任务包括系统设计与开发、工程应用研究、系统集成与调试、应用维护、技术支持、运营管理,涉及制造装备与产线集成应用、产品设计及工艺规划、车间及产线设计、装备与产线运维、制造生产管控、制造系统架构、制造咨询与服务等,涵盖了机械产品从设计到制造、从工艺到质量、从车间规划到系统监控与优化的全流程,因此更具综合性和系统性。而职业专科岗位任务是机械绘图、产品设计、装备设计、模具设计、项目管理、生产管理、数控加工与编程、测量与检验、智能生产线维护等,更侧重于具体的操作和执行,强调对现有工艺和设备的熟练操作与维护。

第二,岗位复杂性与责任不同。职业本科的岗位往往需要承担更复杂、更具挑战性的任务,这需要具备复杂问题解决能力,强调整体解决方案设计与跨学科协作。同时,要对整个生产流程或系统进行规划和设计,而这需要考虑生产效率、成本控制、质量保证等多个方面,因此需要承担的责任更大。职业专科的岗位责任相对较为明确和具体,主要负责完成特定的生产任务或操作环节,确保生产过程的顺利进行,遇到的也多为常规技术问题。例如,数控编程与加工岗位主要负责根据设计要求进行编程和加工操作,对产品质量和生产进度负责。

第三,技术应用与创新不同。职业本科更注重对新技术、新工艺、新设备的应用、融合与创新,特别是工业互联网、大数据、人工智能、制造执行系统等与制造的融合创新,实现生产过程的智能化、自动化和高效化,从而推动机械制造行业的技术进步。而职业专科主要是在现有单点技术基础上进行应用和优化,提高生产效率和产品质量。例如,在数控加工工艺制订与实施过程中,职业专科人才需要熟练掌握数控加工技术,根据产品要求和设备性能,优化加工工艺参数,提高加工精度和效率。

五、讨 论 与 启 示

(一) 职业本科教育的人才培养目标定位有比较优势

在我国庞大的高等教育体系中,职业本科教育从横向上有与普通本科教育的对比,从纵向上有与高等职业专科的对比,如何从这两个久已存在的体系中获得自己的比较优势,是职业本科无可回避的重要问题。就机械设计制造类专业而言,国家职业教育专业标准(本科)重核心岗位而轻基础岗位,以体现职业本科教育的高阶性。然而,通过研究发现,职业本科教育不仅注重核心岗位,同时也将基础岗位置于重要地位,从而使得职业本科教育毕业生在岗位面向上具有较专科生更长更宽的职业带,并较普通本科毕业生有更扎实的专业基础技能,从而具备更强的岗位适应能力。当然,职业本科学生要进入核心岗位,仍然面临激烈竞争。在访谈中,职业本科学校专业负责人坦言:"对于我们的学生而言,当前寻找工作时面临诸多挑战,尤其是在设计领域,找到合适职位很有难度。即便是来自985工程院校的本科生,也难以轻松获得职位。"在这种情况下,拥有基础岗位胜任力,使得职业本科学生拥有普通本科学生所不具备的优势,增强其在劳动力市场中的竞争力。

(二) 建立专本教育有效衔接体系

通过对培养目标的比较分析发现,职业本科和专科教育在核心岗位任务上存在层次性差异,相较于职业专科教育,职业本科教育的目标岗位带有明显的高阶性,这也意味着职业本科教育需要在专科教育基础上进行知识技能的拓宽、加深。事实上,在大部分本科层次职业大学,本科专业是在优质专科专业的基础上发展起来的,存在专科专业和本科专业并存的局面。因此,如何实现专科教育和本科教育都能得到良好发展,并体现本科教育的高阶性,是摆在本科层次职业大学面前的现实课题。

本书认为,应以"完全高等职业技术大学"建设为依托,一体化设计专科教育和本科教育。首先,深入理解专科教育对本科教育体系的基础性作用,将专科教育与本科教育视为一个连续的整体,给予同等重视,构建同一大学中的专科与本科教育并重、衔接贯通的高等职业技术教育体系。其次,依据职业岗位的实际需求,统一设定专业人才培养目标,并构建既独立又相互衔接的模块化课程体系,确保本科教育低年级课程与专科专业核心课程的衔接及实质等效,从而实现专科教育向本科教育的平滑过渡。第三,引导教师树立全面的专业教育观念,统筹规划专科与本科专业的课程设计,采用真实的项目式教学方法,在项目实践中培养学生解决复杂工程问题和团队协作的能力,以此彰显本科教育的高层次特性。

(三) 寻求通用能力培养的有效途径

对于职业本科学生来说,技术技能无疑是其在职场立足的核心能力。然而,若缺少非技术技能,亦即通用能力,其职业发展同样会受到限制,尤其在当前人工智能技术迅猛发展的背景下,若不具备可迁移的通用能力,将难以适应未来职业变动的需要。因此,为学生提供顺利融入职场的必要支持,并为他们应对未来职业发展的不确定性准备相应的通用能力,已成为职业本科教育不可或缺的一部分。

第一,作为对专业培养目标的落实,各课程应将通用能力作为重要的教学目标,并将通用能力培养融入课程教学过程。第二,设计和实施基于团队或项目的教学,在团队或项目驱动中发展学生表达沟通、团队合作等职业技能。第三,根据不同工程专业领域需求,设置专业英语课,促进英语教学与专业的深度融合,同时,设置非通用语选修课,培养"工程专业＋非通用语"的复合型工程技术人员,提升职业本科学生的国际交流能力。

(执笔人：高天逸　余天佐)

第八章
美国社区学院的"专升本"机制①
——以 FSCJ 的幼儿教育专业为例

  随着现代分工的日益精细化和专业化,技术技能型人才具有越来越明显的不可替代性。现代高等职业教育作为培养技能型人才的重要途径,承担着培养具有扎实专业基础的高层次技术技能人才的重任。我国自 2019 年启动职业本科院校试点工作以来,目前已有 56 所本科层次职业院校,2023 年全国职业本科招生 13.7 万人,其中"专升本"学生(即完成 3 年制高等职业专科教育后升入职业本科教育阶段的三年级)4.7 万人,占当年职业本科教育层次招生人数的34%。从职业专科到职业本科,在就学层次得到提升的同时,如何实现知识能力的同步提升以及教育资源的优化配置,关系到我国每年数以百万的职业专科学生后续的学业发展、学历提升以及高等职业教育资源的优化利用,也关系到我国初起步的职业本科教育的健康持续发展。

  他山之石,可以攻玉。相比我国高等职业教育,以职业教育为主要任务的美国社区学院具有更长的办学历史,尤其自 1989 年西弗吉尼亚州开始了第一个社区学院学士学位(Community College Baccalaureate,以下简称 CCB)项目后②,如今已经在 24 个州 191 所社区学院开设③。与综合性大学或其他 4 年制普通院

---

① 刘少雪,黄冰冰.从副学士到学士:美国 FSCJ 幼儿教育专业"专升本"的经验及启示[J].深圳职业技术大学学报.2025(3):66 - 74.

② Park T. J., Tandberg D. A., Shim H. K., et al. Community College Teacher Education Baccalaureate Programs: Early Evidence Yields Mixed Results[J]. Educational Policy (Los Altos, Calif.), 2018, 32(7): 1018 - 1040.

③ Association of Community College Baccalaureate Programs.. Student access to community college baccalaureate degrees in the 50 states [EB/OL]. (2024 - 06 - 27)[2025 - 01 - 01].https://www.accbd. org/wp-content/uploads/2024/06/Data-Points3_States_062724.pdf..

校的学士学位项目既可以招收首次入学的大学生,也可以招收来自其他院校或专业的转学学生不同,CCB 项目只招收已经获得相关专业副学士学位的学生,即 CCB 项目不招收首次入学大学生或没有获得相关专业副学士学位或其所获得副学士学位不属于特定专业等生源,这便意味着 CCB 项目不以提供常规的4 年制完整周期的学士学位课程为目的,而只在相应副学士项目基础上提供2 年制的升级内容,是对传统社区学院主体项目——副学士学位项目——的提高和延伸。这种学段上的升级衔接以及社区学院副学士学位较为关注职业技能的教育侧重,与我国目前高等职业专科教育中较为普遍的"专升本"既有一定的相似性,但也有明显的不一致。故此,探究美国 CCB 项目与副学士学位的衔接机制,对于优化我国高等职业教育中的"专升本"机制,可能会有一定的借鉴意义。佛罗里达州立杰克逊维尔学院(Florida State College at Jacksonville,以下简称 FSCJ)设置了幼儿教育学士学位项目,招生对象是在本校或其他社区学院获得幼儿教育管理副学士学位项目和文学副学士学位项目的毕业生,而且这两个副学士学位项目在其校内也均有设置,对这三个学位项目的目标定位、课程要求、升级标准和衔接机制进行详细剖析,有助于进一步了解其设置运行的优缺点,并对完善我国"专升本"机制和高等职业教育体系内部的衔接提供参考借鉴。

一、美国社区学院开设 CCB 项目概况

在美国,学生获得学士学位的路径包括在四年制大学学习、从社区学院转学进入四年制大学学习、在社区学院学习等,已有研究对前两类学生的关注较多,对在社区学院接续学士学位的学生以及从副学士到学士的学位衔接机制的研究极少。在首个 CCB 项目出现后,学术界最先关注的是该举措是否违背了社区学院的办学使命。有研究者认为,CCB 项目重复了四年制大学的工作,而这种重复不必要且成本高昂;[①]社区学院进入四年制学士学位教育市场,背离了社区学院原本以副学士学位课程为核心的使命;[②]根据美国各州政策,学者的这一担心实际上是忽略了社区学院开设 CCB 项目的基本前提:第一,提供副学士学位教

---

① Levin J. S. The community college as a baccalaureate granting institution[J]. Review of Higher Education, 2004, 28(01): 1-22.
② 戴维·拉伯雷,周勇.复杂结构造就的自主成长:美国高等教育崛起的原因[J].北京大学教育评论, 2010, 8(03): 24-39+188.

育项目依然是社区学院的主要使命,如佛罗里达州明确规定,"开设 CCB 的社区学院必须坚持以满足社区对中学后学术教育和职业学位教育的需求,并为学习者提供进入大学的副学士学位为首要使命"[1];第二,即便社区学院开设 CCB 项目,只能招收已拥有副学士学位学生的要求,使其与其他 4 年制高校或综合性大学中的学士学位项目有明显不同,而且 CCB 的这一特点本质上会对社区学院的副学士学位教育产生积极影响;[2]第三,社区学院开设 CCB 项目需要得到地方议会的批准,申请设置的条件包括但不限于项目应基于当地劳动力市场需要且不得与所在地及附近其他四年制大学已有项目重复。[3] 另外,社区学院开设 CCB 项目以应用科学学士学位项目(Bachelor of Applied Science,BAS)和应用技术学士学位项目(Bachelor of Applied Technology,BAT)为主,[4]应用性是 CCB 项目的基本特征。综上可见,社区学院开设 CCB 项目与其他 4 年制大学或综合性大学的学士学位项目在目标定位和招生对象上有明显不同,可以被看作是常规学士学位项目的补位者而非竞争者。

当然,由于教育资源的有限性,社区学院开设 CCB 项目后,一定程度上会影响到相同或相近专业副学士学位项目在同一社区学院内的相对重要性,平衡传统使命与开设 CCB 项目成了这些社区学院的新难题。[5] 而对于学生来说,可能会因为 CCB 项目的学费更优惠、入学机会更多、离家更近、学习时间更灵活[6],以及以工作为本的项目设计理念和更符合当地就业需要等优点[7],将其从其他 4 年制大学或综合性大学特别是营利性大学的潜在生源转向社区学院 CCB 项目。

---

[1] Florida Legislature. Florida Statutes § 1007.33, Site-determined baccalaureate degree access[EB/OL]. (2013 - 07 - 01)[2025 - 01 - 01]. https://www.lawserver.com/law/state/florida/statutes/florida_statutes_1007-33.

[2] Ortagus J. C., & Hu X. D. The price of mission complexity: A national study of the impact of community college baccalaureate adoption on tuition and fees[J]. Educational Researcher,2019,48(8): 504 - 520.

[3] Florida Legislature. Florida Statutes 1007.33, Site-determined baccalaureate degree access[EB/OL]. (2013 - 07 - 01)[2025 - 01 - 01]. https://www.lawserver.com/law/state/florida/statutes/florida_statutes_1007-33.

[4] 沈陆娟,徐榕霞.职业本科教育的探索和革新——美国社区学院学士学位项目运动[J].职业技术教育,2023,44(25): 72 - 79.

[5] Floyd D. L., Walker K. P. The community college baccalaureate: Putting the pieces together[J]. Community College Journal of Research and Practice, 2008, 33(2): 90 - 124.

[6] Bemmel E. P., Floyd D. L., & Bryan V. C. Perceptions and reflections of administrators: Community colleges transitioning to baccalaureate colleges[J]. Community College Journal of Research and Practice, 2008, 33(02): 151 - 176.

[7] 张卫民,姜芸,王建仙.美国社区学院独立举办学士学位项目的经验及启示[J].教育与职业,2024(08): 85 - 91.

二、案 例 介 绍

社区学院是佛罗里达州高中后学生接受高等教育的主要途径,该州约65%的高中毕业生从社区学院开始接受高等教育。① 社区学院设置丰富的副学士学位项目,指向不同的教育定位和培养目标,以满足学生继续升学或直接就业的不同需求。以 FSCJ 为例,文学副学士学位(Associate in Arts, A.A.)项目指向为学生的转学做准备,即学生在获得该学位后可以转入本校或其他社区学院的 CCB 项目,也可以转入4年制大学或综合性大学的学士学位项目;②理学副学士学位(Associate in Science, A.S.)项目则是终结性的2年制学位课程,目的是为学生毕业后立即进入劳动力市场做准备,学生获得该学位即意味着已具备进入相应职业领域所需的基本技能与素养。③ 随着 CCB 项目的出现,社区学院副学士学位项目毕业生又增加了一种新的选择,特别是对于理学副学士学位项目毕业生来说,他们可以在选择立即开始职业生涯之外,也像文学副学士学位项目毕业生一样,多了一种可以进一步升学进入学士学位项目的通道。

自2001年州内社区学院开设第一个 CCB 项目以来,佛罗里达州逐步建立了完备的社区学院 CCB 管理系统,以规范州内各社区学院 CCB 项目的审批、建设、评估及问责流程等,保障 CCB 项目的教育质量。2021年美国社区学院学士学位项目协会(Community College Baccalaureate Association, CCBA)和新美国智库(New America think tank)发布的全国第一个 CCB 项目国家目录显示,佛罗里达州共设置了172个 CCB 项目,数量上位列全美各州第一,④成为 CCB 运动的全国领导者。FSCJ 于2006年设置了第一个 CCB 项目,目前共设置了13个;同时该社区学院还设置了45个副学士学位项目和100多个技术证书、职业证书项目。⑤

幼儿教育学士学位(Bachelor of Science, B.S.)项目是 FSCJ 的13个 CCB 项目之一,如前所述,该项目不招收首次入学大学生,而以在本校或其他社区

---

① Higher Education[EB/OL]. [2025 - 01 - 01]. https://www.fldoe.org/schools/higher-ed/.
② Associate in Arts[EB/OL]. [2025 - 01 - 01]. https://www.fscj.edu/academics/areas-of-study/aa.
③ Associate in Science[EB/OL]. [2025 - 01 - 01]. https://www.fscj.edu/academics/associate-in-science.
④ Mapping the Community College Baccalaureate [EB/OL]. [2025 - 01 - 01]. https://www.newamerica.org/education-policy/briefs/mapping-the-community-college-baccalaureate/.
⑤ Florida State College at Jacksonville[EB/OL]. [2025 - 01 - 01]. https://www.fscj.edu/discover.

学院已完成幼儿教育管理(Early Childhood Management)专业的理学副学士(A.S.)或文学副学士学位(A.A.)获得者为招生对象。那么,在具体的培养目标定位和课程设置等方面,如何体现从副学士到学士学位项目的衔接,将是本章介绍的主要内容,下面将对此做详细介绍①。

(一) 不同学位项目的培养目标

文学副学士学位(A.A.)项目:为有兴趣转学到本校或其他社区学院 CCB 项目或其他院校学士学位项目继续学习的学生提供支持。学生在选择修习通识教育和选修课程方面具有较大自主权,但须为自己的选择负责。

幼儿教育管理副学士学位(A.S.)项目:帮助学生掌握促进婴幼儿社交、情感、身体和认知等能力发展的工作技能,为从事公私立儿童发展中心和家庭式托儿所等相关工作做好准备,毕业生有资格成为 0～3 岁儿童的教师、VPK(Voluntary Pre-Kindergarten)教师、家庭式托儿所经营者和托儿所所长。该项目与幼儿教育学士学位项目衔接。

幼儿教育学士学位(B.S.)项目:帮助未来的教育工作者掌握适合其所教儿童发展阶段和需求的教学方法和策略,使其具备成为公私立学校的学前班至三年级教师的基本知识和专业技能。

有关以上三个学位项目具体目标定位的分析与对比可见表 8-1。

表 8-1　FSCJ 幼儿教育学士学位项目与其对应
副学士学位项目的目标定位对比

	文学副学士(A.A.)	幼儿教育管理(A.S.)	幼儿教育(B.S.)
项目定位	为转学到学士学位项目做准备	为从事 0～3 岁婴幼儿保育工作做准备	为从事学前班到三年级的教师做好准备
可能的就业方向	没有明确的职业方向	• 学前教育教师(不包括特殊教育) • 儿童、家庭和学校社工 • 儿童看护工作者 • 保姆 • 幼儿园和日托机构的教育和看护管理员	

① 注:如无特殊说明,本章所涉及的 FSCJ 三个学位项目的所有描述,包括入学要求、课程内容、毕业要求等,均来源于 FSCJ 官网。

	文学副学士(A.A.)	幼儿教育管理(A.S.)	幼儿教育(B.S.)
		/	● 学前特殊教育教师 ● 幼儿园教师(不包括特殊教育) ● 幼儿园特殊教育教师 ● 幼儿园至高中教学助理(不包括特殊教育) ● 幼儿园至高中教育管理人员 ● 小学教师(不包括特殊教育) 教学协调员

从表 8-1 中可以看出,文学副学士学位项目与幼儿教育管理副学士学位项目的区别在于,前者是以继续升学为目标,因此该项目没有明确的就业方向;幼儿教育管理副学士学位项目与幼儿教育学士学位项目同属幼儿教育专业,它们之间的显著区别在于,前者的就业范围仅限于 0~3 岁的婴幼儿保育管理的基础岗位,而后者则不仅可以面向年龄段跨度更大的学生(从婴幼儿到高中),就业场所及具体岗位也都有明显拓展:从婴幼儿看护者到幼儿园教师,从普通幼儿园教师到特殊幼儿园教师,以及其他基础教育阶段的教学助理、管理协调人员等。表明学士学位项目较副学士学位项目为学生提供了更广阔的职业发展空间。

(二) 幼儿教育学士学位项目的招生要求

与社区学院的传统入学标准相同,除了对犯罪记录的审查,进入幼儿教育管理副学士学位项目或文学副学士学位项目学习的学生,需取得可上大学的高中文凭或相当学历。而要申请幼儿教育学士学位项目,则需要具备:

(1) 已取得幼儿教育管理理学副学士学位或文学副学士学位。

(2) 修读副学士学位期间,通识教育课程的平均成绩达到 2.5/4.0。需要注意的是,FSCJ 副学士学位的毕业标准是成绩达到 2.0/4.0,意味着如果学生希望进入学士学位项目学习,则需要具备较毕业标准更高的课程成绩。

(3) 已修读《教育学导论》课程,且成绩达到 C 级或以上。在 FSCJ,该课程是幼儿教育管理副学士学位的必修课,因此这一规定主要针对来自没有限制性课程要求的文学副学士学位项目的学生,即如果该项目的学生计划升入幼儿教育学士学位项目学习,则需提前选修该课程。

(4) 所有申请者须提交一篇 350~500 字的论文,阐述成为教师的动机。

可以看出,FSCJ 的幼儿教育学士学位项目对与其对应的两个副学士学位项目学生的课程修习有一定的引导性和提高性要求,有促进学生提前规划、充分准备的意图。

(三) 幼儿教育学士学位项目的培养要求

1. 佛罗里达州课程编号系统与通识核心课程体系

为了方便学生在州内不同项目、不同院校之间顺畅转学、衔接,佛罗里达州建立了全州统一的课程编号系统(Statewide Course Numbering System,SCNS)和通识教育核心课程体系。课程编号系统目前适用于州内所有公立及 26 所非公立高等教育机构。根据课程编号规则,各院校开设的课程均被赋予一个包括三个字母和四位数字的课程编号,其中,三个字母用来标识课程所属的学术/学科/知识类别等信息;四位数中的第一位数字由课程开设机构决定,表示该课程的难度水平或修习顺序;后三位数字则由各类机构和学科领域代表组成的委员会分配,具有相同学术内容且由具有同等资质的教师授课的课程,会被赋予相同的课程前缀和后三位编号,并被视为等效课程,这是识别课程学分能否转移的重要标准。[1]

在课程编号系统基础上,佛罗里达州衔接与通识研究委员会规定,全州所有公立高等院校的通识教育课程必须涵盖沟通交流、人文、数学、自然科学和社会科学五个领域,并以州文件方式列出了五个领域下设的核心课程清单(详见表 8-2),要求各校选择开设;[2]各院校所开设的其他通识教育课程,亦需经州教育管理委员会批准。所有在州内院校修读副学士学位或学士学位的学生,均须在以上五个领域中至少修习一门课程。所有列表中的课程,不论接收院校是否开设,均须承认转学学生已完成的课程和学分,并将其作为学生满足接收院校通识教育核心课程要求的条件。[3]

---

① Florida's Statewide Course Numbering System [EB/OL]. [2025 - 01 - 01]. https://archive.registrar. ufl.edu/catalogarchive/03-04-catalog/courses/statewide.html♯A0001328.

② General Education Requirements [EB/OL]. [2025 - 01 - 01]. https://catalog.fscj.edu/academics/ general-education-requirements.

③ Florida Department of State. General Education Course Options (Rule 6A - 14.0303).[EB/OL].(2024 - 08 - 27) [2025 - 01 - 01].https://flrules.elaws.us/fac/6a-14.0303/.

表 8－2　佛罗里达州通识教育核心课程

领　域	课　程　列　表
沟通交流	ENC X101 英语写作 I 或任何以 ENC 为前缀,且是 ENC X101 直接先修课程的课程
人文	ARH X000 艺术欣赏;HUM X020 人文学科导论;LIT X000 文学导论;MUL X010 音乐文学/音乐欣赏;PHI X010 哲学导论;或 THE X000 戏剧欣赏
数学	MAC X105 大学代数;MAC X311 微积分 I;MGF X130 数学思维;STA X023 统计方法;或任何完成数学课程的学生,其课程是数学核心选项中的一个直接先修条件,将被视为完成了数学核心通识课程
自然科学	AST X002 描述天文学;BSC X005 通识生物学;BSC X010 生物学 I;BSC X085 解剖与生理学 I;CHM X020 通识化学;CHM X045 通识化学 I;ESC X000 地球科学导论;EVR X001 环境科学导论;GLY X010 地质学导论;OCE X001 海洋学导论;PHY X020 物理学基础;PHY X048 微积分物理学;PHY X053 物理学 I;或任何完成自然科学课程的学生,其课程是自然科学核心选项中的一个直接先修条件,将被视为完成了自然科学核心通识课程
社会科学	AMH X020 导论性课程;ANT X000 人类学导论;ECO X013 宏观经济学原理;POS X041 美国政府;或 PSY X012 心理学导论

资料来源: General Education Requirements (https://catalog.fscj.edu/academics/general-education-requirements).

2. FSCJ 幼儿教育学士学位项目与文学副学士学位项目、幼儿教育管理副学士学位项目的课程转换

在州通识教育核心课程清单的基础上,FSCJ 补充了自己的通识课程清单,使得 CCB 项目能够承认更多的副学士学位通识课程学分,比如通向幼儿教育学士学位的文学副学士和幼儿教育管理副学士两个项目的通识课程学分,只要成绩达标,均可纳入被幼儿教育学士学位认可的范围。但由于上述两个副学士学位项目有明显不同的目标定位,其与幼儿教育学士学位项目的课程衔接程度也有明显差别。下面分别述之:

幼儿教育管理副学士学位项目:该项目与幼儿教育学士学位项目的必修课程与选修课程是连贯的,即学士学位项目课程是建立在副学士学位项目课程基础之上(详见表 8－3),除了"普通心理学"外,学士学位项目的课程体系对该副学士学位项目的课程呈包含关系,这样学生在完成副学士学位项目期间所获得

的除"普通心理学"之外的其他所有专业必修课程(共 27 学分),均可以纳入满足
幼儿教育学士学位项目的先修课程、低年级必修课程学分的要求;此外,在学士
学位项目需要在低年级学生完成的 21 个选修课程学分中,有 15 个学分亦可通
过副学士学位项目获得,这便意味着完成幼儿教育管理副学士学位项目的学生,
在进入幼儿教育学士学位项目后,最少仅需再修 2 门低年级选修课程即可达到
低年级课程要求,大大降低了学生进入学士学位项目后的课程负担。

表 8 - 3　课程列表(低年级部分)

课程编号	课程名称	学分	在 B.S.中的属性	在 A.S.中的属性	是否适用于 A.A.
EDF 1005	教育学导论	3	先修课程	专业课程	是
CHD 1220	儿童成长与发展 I	3	低年级必修课	专业课程	是
CHD 2330	支持早期读写能力发展的策略	3	低年级必修课	专业课程	是
EDG 2940	观察和记录儿童行为	6	低年级必修课	专业课程	否
EEC 1001	幼儿教育导论	3	低年级必修课	专业课程	是
EEC 1200	幼儿创意活动:课程设计与实施	3	低年级必修课	专业课程	否
EEC 1202	幼儿教育项目开发	3	低年级必修课	专业课程	否
EEX 2013	针对有特殊需要的学生的适当策略	3	低年级必修课	专业课程	否
PSY 1012	普通心理学	3	/	专业课程	是
CGS 1100C	商业与经济领域的微机应用	3	低年级选修课	专业课程	是
CHD 1110	婴幼儿护理 I(发展)	3	低年级选修课	专业选修	否
DEP 2002	儿童与青少年心理学基础	3	低年级选修课	专业选修	是
EDF 2085	针对教师的多样性入门	3	低年级选修课	专业选修	是
EEC 2520	儿童保育和教育组织领导与管理	3	低年级选修课	专业选修	是

课程编号	课程名称	学分	在 B.S. 中的属性	在 A.S. 中的属性	是否适用于 A.A.
EEC 2523	儿童保育中心与教育项目的发展与管理	3	低年级选修课	专业选修	否
EEC 2527	儿童保育和教育中的法律与财务问题	3	低年级选修课	专业选修	否
EDG 2941	学生实地实习指导	3	低年级选修课	专业课程	否
EME 2040C	教育技术入门	3	低年级选修课	专业选修	是

文学副学士学位项目：完成该项目后进入幼儿教育学士学位项目的学生享受与幼儿教育管理副学士学位项目学生同样的学分转换政策。具体来说，就是学校鼓励学生在完成副学士学位项目所需要的 24 个选修学分之前，最好能够明确其未来希望转入的学士学位项目，以尽可能地将此时修习的学分转入学士学位项目。举例来说，学生如果明确其将来要修读幼儿教育学士学位项目，那么除了要完成前文提到的"教育学导论"先修课程外，还可以将幼儿教育学士学位项目向该副学士学位项目开放的部分低年级必修与选修课程（详见表 8－3）以选修课方式完成。

上述清晰明确的课程认可与转换机制，使得佛罗里达州内各社区学院的幼儿教育管理副学士学位课程与 FSCJ 幼儿教育学士学位低年级课程可以无缝对接；而文学副学士学位项目的学生，也可以在明确未来升学方向的基础上，提前安排课程修习计划，为后续进入幼儿教育学士学位项目做好准备。

3. 幼儿教育学士学位项目对幼儿教育管理副学士学位项目的课程进阶

虽然 FSCJ 设置了将副学士学位课程转换为学士学位课程的规则通道，但并不意味着学生所完成的所有相关课程均可无条件转入学士学位项目。实际上，从副学士到学士，不仅意味着更长的学制时间，也意味着更高的课程绩点、修读更多的课程门数以及更综合的实习实践课程要求等。

要求更高的课程绩点：在 FSCJ，取得副学士学位的课程绩点要求是至少达到 2.0，而取得学士学位的这一要求则提高到至少达到 2.5。而在课程转换过程中，如果学生修读副学士学位期间的某门课程成绩未达到 2.5，那么这门课程的学分就无法转移到学士学位项目,而需要重修。

　　更多的学分要求:在 FSCJ,取得副学士学位的学分要求是 60 学分,取得学士学位则需要 120 个学分(详见表 8-4),意味着即使学生在修读副学士学位项目期间所取得的所有通识教育学分成绩均达到转移要求,其在修读学士学位项目期间仍需再修习 21 学分的低年级先修课程,一般是 7 门课程,其中最多 5 门可以由副学士学位期间的专业课转入才能满足获得学士学位的低年级课程要求。

表 8-4　不同学位项目的课程及学分要求

项　目	课　程　类　型	学分要求	总学分
文学副学士学位(A.A.)	通识教育课程	36	60
	选修课程	24	
幼儿教育管理理学副学士学位(A.S.)	通识教育课程	15	60
	专业课程(必修)	36	
	专业选修课程	9	
幼儿教育理学学士学位(B.S.)	先修课程	3	120
	通识教育课程	36	
	低年级课程(必修)	24	
	低年级选修课程	21	
	高年级课程(必修)	33	
	高年级选修课程	3	

　　课程内容涉及范围更广:根据佛罗里达州课程编码系统规则,在 FSCJ 幼儿教育学士学位项目的课程清单中,除了包含幼儿教育管理副学士学位项目中以 CHD、EDG、EEC、EEX 等标注的关注幼儿教育发展的相对较为基础的专业性课程外,增加了多种与年龄较大儿童较为相关的语言、阅读类教育领域子类课程,如 TSL(Teaching English as a Second Language)、RED(Reading Education)、LAE (Language Arts& English Education)等,显示学士学位项目的高年级课程较副

学士学位涉及的课程内容更广泛,符合学生具备更广泛职业技能需求的基本要求。此外,FSCJ 的幼儿教育学士学位项目中开设的高年级专业课程会通过标注修读条件,再次强调学生修读课程时应循序渐进,避免在任何情况下的躐等修读,具体标注内容包括:① 标注学生修读此类课程时应该处于的学业状态,这一点主要根据学生已经完成的学分量来判断其是"新生"(Freshman)还是"高年级生"(Senior),如"评估、评价与诊断"的修习条件是学生要处于大三状态(Junior-level status),意味着该门课程需要具备较多的专业基础知识,不可以低年级学生身份提前修习;而标注需要处于大四学业状态(Senior-level status)的课程一般对学生的综合学业能力要求最高,如实习、毕业设计或综合性研究项目等课程,如"幼儿实习"和"阅读实习"两门课程属幼儿教育学士学位项目中大四学业状态课程,意味着这两门课程是对学生学士学位期间修习课程的最高检验。② 某些难度较高课程通常会标注以某些先修课程为基础,如幼儿教育学士学位项目中,"幼儿教育中的语言和读写能力"和"教育阅读素养的应用和教学实践"两门课程,明确要求"幼儿教育中的儿童文学"是其先修课程,"幼儿实习"和"阅读实习"则要在修完所有课程后才能够进行,体现了学士学位项目有相比副学士学位项目更为系统化的知识积累和职业技能成长逻辑。

更高的实习实践课程要求:幼儿教育专业的学士学位项目中设计了"幼儿实习"和"阅读实习"两门共修(Corequisite)实习课程,意味着这两门课程必须同时修读且在同一实践环境中完成;但两门实习课程的实习重点和评估标准不同。前者包括 4 小时的授课内容和平均每周 30 小时的实习时长;后者包括 3 小时的授课内容和每周 2 小时的实习时长。在修习这两门课程之前,项目要再次审查学生资格,包括:背景调查;处于大四学生状态;已经完成除这两门课程之外的所有其他课程,且成绩均达到 2.5;已经通过佛罗里达州教师资格考试。

除了以上两门需要学生在教学环境中独立承担工作的实习课程外,FSCJ 的幼儿教育学士学位项目具有清晰的实践性导向。该项目设置的 11 门高年级必修课中,有 10 门提出了"基于工作的学习(work based learning)"理念①,即这些课程均将实地体验纳入教学过程中,需要学生根据不同的教学要求,完成在真实教育环境中观察、交流或者做一些辅助工作的任务。而这种基于工作的学习在

---

① Early Childhood Education [EB/OL]. [2025 - 01 - 01]. https://catalog.fscj.edu/programs/T100?_gl=1%2a1ohdur4%2a_gcl_au%2aMTI1MzEwMDE3NC4xNzEzMzMwNjcx.

幼儿教育管理副学士学位项目中所占比重较低,11 门必修课中只有 3 门包含了类似内容和安排。

三、我国职业本科院校应对不同学业背景学生的策略分析

当前我国每年千万名的新入学大学生中,有超过半数的人进入专科层次,他们中约六分之一的人会在完成 3 年专科学习后,通过"专升本"渠道进入到本科项目学习。与上述案例不同的是,不论进入职业院校本科项目还是普通本科院校项目,我国"专升本"学生都是以大三学生身份进入相关专业,其已有学业基础较少被转入院校或任课教师关注,从而导致这些同学在其"专升本"后的学习中,既存在重复学习部分专科课程内容,也存在缺少修习部分本科低年级课程的情况[1],即学习资源浪费和学习基础不足的情况同时存在。尤其是绝大多数"专升本"学生从职业专科院校进入普通本科院校(2023 年为 95%[2])后,除少数公共必修课,他们在专科阶段修习的大多数课程难以匹配本科培养方案要求;而他们所接受的职业技能训练,在本科阶段也难以得到延续巩固和提高,这对职业教育资源和学生来说都是一种显而易见的浪费。而在我国职业本科教育的招生对象中,除了"专升本"学生以外,还包括来自参加夏季高考的普通高中毕业生、参加春季高考的中职学校毕业生等,不同来源渠道的学生有明显不同的学业基础,给职业本科院校的课程安排和教学实施带来了很大挑战——"同一个专业、两种学制、三类生源、五类专业基础,为人才培养目标、人才培养方案设计、课程选择、教学模式、教学实践等带来了困难"[3]。目前各院校大多以分别制定培养方案的策略面对不同学业基础背景的学生,比如:

海南科技职业大学在《职业本科人才培养方案编制指导意见》中提出,要根据学生来源,分别制定培养方案,包括:单招本科(4 年制本科)专业人才培养方案,专升本(2 年制本科)、高职本 3+2(2 年制本科)专业人才培养方案,高职本

---

① 王飞、李志宏.我国高职学生专升本需求调查与分析[J].中国职业技术教育,2015,(04):69-73+96.

② 注:根据教育部《2023 年全国教育事业发展统计公报》(http://www.moe.gov.cn/jyb_sjzl/sjzl_fztjgb/202410/t20241024_1159002.html)相关数据计算。

③ 山西工程科技职业大学.山西工程科技职业大学 2023—2024 学年本科教学质量报告[EB/OL].(2024-12-05)[2025-05-13].https://www.sxgkd.edu.cn/info/1207/16776.htm.

科3+2(5年制)专业人才培养方案。[①]

山东工程职业技术大学则于2024年制定了58个本科专业人才培养方案，其中，针对春季招生培养方案24个(职业高中学生)、夏季招生人才培养方案19个(普通高中学生)、专升本学生培养方案15个[②]。

分类制定人才培养方案固然是各职业本科院校尊重学生学习发展规律、因材施教的体现，但相对来说也加大了各职业院校本来就不大充裕的办学成本，也不利于不同来源背景的学生之间的相互学习和交流。

四、启　　示

针对美国FSCJ和我国职业本科院校中共同存在的生源背景多元的情况，一方面表明在高等教育普及化时代，大学招收不同学业基础背景的学生是一种普遍现象，甚至目前在世界很多国家都有越来越多的大龄学生重返校园，我国目前也从政策上为更多非传统学龄成年人(如退伍军人等)提供接受大学教育的机会，这就意味着，未来包括职业本科院校在内的我国各类高等教育机构中，会有更多学业基础不同、年龄不同、就学动机不同、学习能力不同的学生，共处一个校园、接受同样的学位。因此，从机制上为多种不同学生提供等值教育，或者说以同值标准向所有学生授予相同学位，具有重要的现实意义。相比我国各职业本科院校以不同培养方案分别应对的策略，美国FSCJ的做法有一定的借鉴意义。具体可以从以下方面讨论：

第一，制定并公开发布各专业的修读方案，使相关院校、学生都能在入读之前及过程中，及时了解该专业的修读要求，并提前做好准备。

第二，开展课程标准化建设，比如根据职业本科教育特点，建立以模块化课程为核心的专业人才培养方案，既便于课程的及时更新，也有利于学生能够更加灵活地补充、完善自己的知识体系。

第三，建立模块化课程标准，院校、专业及学生均可根据课程模块，认定、转

①　海南科技职业大学.关于印发《海南科技职业大学2024级职业本科人才培养方案指导意见》的通知[EB/OL].(2024-10-08)[2025-04-30].https://www.hvust.edu.cn/news/newsDetail/21113.
②　山东工程职业技术大学.山东工程职业技术大学2023—2024学年本科教学质量报告[EB/OL].(2024-11-29)[2025-05-13].https://www.suet.edu.cn/jwc/info/1008/1713.htm.

换和累积学分。

第四,加强院校、专业以及不同层次之间的沟通协作,建立灵活的跨校、跨专业以及不同层次间相关专业的学分认定与转换机制。

第五,建立明确的先修课程制度,以课程而非年级、来源身份等限定学生的课程模块修读进度,凡是没有完成或者先修课程成绩不达标的学生,一律不能进入高阶课程,以课程和成绩作为判断学生学业是否达标的唯一标准。

(执笔人:黄冰冰　刘少雪)

后 记

如同中国本科层次职业大学刚起步一样,我们也是从事职业教育和职业本科教育研究的新人。2022 年是我们接触本科层次职业大学的元年,通过实地调研,我们第一次看到企业派驻在大学的专门技术人员,他们不只带来了现成的设备设施,还全身心地参与设备设施的教育化改造以及大学的课程开发和教学实践;第一次看到大学教室可以实时连接企业生产线,教师和学生可以全方位实时线上观摩真实生产过程甚至其中的每一个细节;第一次看到大学的理论教学与实验技能操作可以在同一节课、同一间教室里随时进行学习方式和学习空间的转换,"学中做""做中学"在职业本科教育的实践中做到了无缝衔接、随时转换。同时,我们也感受到新生的本科层次职业大学面临着一些特殊的发展难题和困惑,比如从专科院校升格为本科层次大学后,同一所大学中的本科教育与专科教育如何平衡? 相比专科教育阶段,本科阶段教育需要有哪些变化以及如何实现从教师的观念心态到教学内容、教学方式等等的转变? 再比如,相比普通应用型本科,职业本科教育如何在培养中兼顾其所面临的多样化基础背景学生? 职业本科的竞争力到底在哪里,是否已经从政策理念到实践过程都足够明确并能得到承认? 理想目标与现实条件之间是否协调? 更重要的是,职业教育作为一种教育类型,本科阶段是不是其发展的天花板? ……可以说,国家的宏观政策给职业本科教育带来了蕴含无限生机的春风雨露,但职业本科教育真要做到繁花似锦,还必须自己找到解决前述种种问题的答案。

作为研究者,我们庆幸遇到了有无数需要解决的问题的大时代,因此十分珍惜能够近距离接触职业本科教育的机会,但更重要的是,我们真诚希望能够为职业本科教育的发展壮大增添一份力量,将自己微小的身影,融入职业本科教育发展的大时代中去。这是我们呈现这一份报告的初心和最大动力! 相信通过不断接受各位职业本科教育行家里手的宝贵意见建议后,我们的年度报告有足够的力量,伴随中国职业本科教育在不断发展中解决问题、在解决问题中不断发展,为数万、十万乃至百千万计的学子接受适合他们发展成长的新型高等教育作出贡献。

最后,感谢支持本研究的软科(上海)市场调查有限公司和深圳职业技术大学;感谢深圳职业技术大学校长许建领教授和上海软科信息咨询有限公司 CEO 程莹博士,是你们给予了我们接触了解中国职业本科教育的机会;感谢来自深圳职业技术大学的卿中全教授、袁礼副教授,金华职业技术大学的戴欣平教授、吕昊威老师,以及上海交通大学教育学院学生发展与人才成长研究中心的各位团队成员,共同的目标追求以及不分彼此的共同努力,才有了今天的这份报告。感谢上海交通大学教育学院吴燕、马春梅的无私帮助,也感谢上海交通大学出版社姜艳冰编辑的费心关照。让我们一起期待中国职业本科教育的美好明天!